GEFAHR

UND

GEFÄHRDUNGSVORSATZ

IN DER DOGMATIK

DES

MODERNEN STRAFRECHTS.

VON

DR. JUR. **OSKAR BUSCH.**

LEIPZIG
VERLAG VON VEIT & COMP.
1897.

SEINEN

HOCHVEREHRTEN LEHRERN

GEHEIMR. PROF. DR. ADOLF WACH

UND

GEH. HOFRAT PROF. DR. KARL BINDING

IN DANKBARKEIT GEWIDMET

VOM

VERFASSER.

Vorrede.

Die vorliegende Abhandlung hat den Zweck, die äußerst bestrittene Lehre vom Gefährdungsdelicte in ihren Prinzipien darzustellen und zu bereichern; das Letztere insofern, als ein bis dahin noch gar nicht oder doch nur ganz ungenügend erörterter Punkt, der Gefährdungsvorsatz speciell untersucht werden soll.

Der Verfasser hat es sich dabei zur Pflicht gemacht, keine schwierige Frage zu umgehen, für alle eine positive Lösung zu suchen, die zum mindesten vom Standpunkte der Logik unanfechtbar wäre.

In der Hauptsache handelt es sich darum zu entscheiden: Giebt es einen Gefährdungswillen, der sich im Wollen der Gefahr als solcher erschöpfte, oder ist damit notwendig ein wenn auch nur eventuelles Wollen der Verletzungsfolge verbunden.

Daß dieses Thema von durchaus actuellem Interesse ist und notwendig eine dogmatische Behandlung erfahren muß, beweist der von Prof. Stooß ausgearbeitete und von der eidgenössischen Expertencommission durchberatene Vorentwurf zu einem schweizerischen Strafgesetzbuch, welcher in Art 59 (Commissionalentwurf) ein ganz allgemeines Verbot der vorsätzlichen Lebensgefährdung aufstellt und bei Eintritt des Todes des Gefährdeten schwere Strafe eintreten läßt. Gerade hier soll sich nach Prof. Stooß (Zeitschft. f. d. ges. Strafrw. Bd. XV. 1895 p. 199) eine dritte Schuldform, „vorsätzliche Gefährdung“ offenbaren, und gewiß ist es von großem Interesse zu wissen, ob sich eine solche Construction vom Standpunkte des Theoretikers und Praktikers aus rechtfertigen läßt.

Es versteht sich von selbst, daß eine solch' tiefgehende Erörterung einer genauen Analyse des Gefahrbegriffs nicht entraten kann, da derselbe ja auch in der Lehre vom Versuch eine große scheinbar analoge Rolle spielt.

Andererseits ist namentlich auch eine klare Stellungnahme zur Lehre vom schuldhaften Willen unbedingt erforderlich.

Sollte auch die Lösung, die der Verfasser gefunden hat, vielfach Anstoß erregen, so wird doch jeder gewissenhafte Kritiker die Überzeugung davon tragen, daß es schwierig ist, auf dem Wege einer exacten Methode zu einem andern Resultate zu gelangen, und er wird sich zweimal besinnen, ehe er die hiedurch erlangte Klarheit der Begriffe mit einer nebelhaften Vorstellung von einer social schädlichen und darum gefährlich erscheinenden Willensrichtung vertauscht.

Sollte sich aber, wider Erwarten, die hier vertretene Auffassung als unrichtig erweisen, so geht unsere Hoffnung dahin, es möge nicht nur für den Verfasser, sondern wie es zu allen Zeiten gewesen ist, für die Wissenschaft, auch der größte Irrtum, nur eine Quelle neuer fruchtbarer Thätigkeit sein.

Zum Schlusse erfülle ich die angenehme Pflicht, den Professoren, Geheimr. Prof. Dr. Adolf Wach und Geh. Hofr. Prof. Dr. Karl Binding, von denen Ersterer die directe Anregung zu dieser Abhandlung gab, Letzterer aber durch seine grundlegenden Arbeiten in dieser Materie erst eine fruchtbare Discussion ermöglichte, für Ihre freundliche Unterstützung aufs wärmste zu danken.

Ferner kann ich nicht unterlassen, Herrn Prof. Dr. Emil Zürcher, welcher mir in zuvorkommendster Weise die zürcherischen Bibliotheken öffnete, und auch sonst bei Beschaffung der Literatur behülflich war, meiner vollsten Ergebenheit zu versichern.

Lausanne, den 18. Mai 1897.

Der Verfasser.

Inhalt.

Erster Teil.

Die Gefahr.

Zweiter Teil.

Der Gefährdungsvorsatz.

Erster Teil.

Die Gefahr.

§ 1. Einleitung.

Die Dogmatik des Gefährdungsdelictes hat erst durch die Ausführungen Bindings in seinen „Normen“ eine feste Basis gewonnen.[1]

Binding teilt die ganze Fülle der verbietenden Normen ihrem Schutzzwecke gemäß in drei Klassen ein:[2] Verletzungsverbote, Gefährdungsverbote und Verbote schlechthin.

Die ersteren verbieten die Herbeiführung einer Veränderung in der Rechtswelt als solche, d. h. um eines bestimmten äußern rechtsgüterschädigenden Erfolges willen.

Die Gefährdungsverbote verbieten bestimmte Handlungen, (Normen I 2. Aufl. p. 119) „sofern sie die Gefahr in sich tragen, Ursache eines bestimmten verletzenden Erfolges zu werden.[3]

Bei den Verboten schlechthin bildet die „regelmäßige Gefährlichkeit“ gewisser Handlungen das gesetzgeberische Motiv zu ihrer Erlassung; diese sollen ein für alle Mal verboten sein, ohne Rücksicht darauf, ob sie auch in concreto gefährlich seien, oder jeder Gefahr ledig (schnelles Reiten und Fahren in belebten Straßen).

Die Uebertretungen der Gefährdungsverbote nun werden Gefährdungsdelicte genannt, und zwar gehören diese letzteren nach der Theorie Bindings zu den „Delicten mit gesetzlich geschlossenen Mitteln“.[4]

---

[1] Binding: „Die Normen und ihre Uebertretung, Bd. I. 1. Aufl. Leipzig 1872 p. 45 ff., 200 ff., Bd. II p. 455 ff.

[2] Binding: Handbuch Leipzig 1885 I p. 170, 171. — Normen Bd. I 2. Aufl. Leipzig 1890 p. 111 ff. p. 326.

[3] Vgl. auch Finger, Gefahr p. 105 ff., Finger, Strafrecht I p. 65, 66. Hertz, Unrecht, p. 4 anerkennt diese Gefährdungsnormen als solche, durch welche die Herbeiführung bestimmter Ereignisse, welche keine Verletzung darstellen aus Besorgnis verboten wird, sie möchten sich im konkreten Einzelfalle als Verletzungsursachen erweisen“.

[4] Normen I. 2. Aufl. p. 384 u. N. II p. 521. (Wenn in der Folge der erste Band der „Normen“ zitiert wird, so ist darunter immer die 2. Aufl. 1890 verstanden.)

„Nicht wird durch das Gefährdungsverbot die Gefährdung eines Rechtsgutes generell untersagt, sondern stets nur eine bestimmte Art der Gefährdung.“

„So liegen z. B. der Ueberschwemmungsstiftung des deutschen Strafgesetzbuchs, sofern sie nicht zugleich Sachbeschädigung ist, die Normen zu Grunde: Ihr sollt nicht mit gemeiner Gefahr für fremdes Menschenleben oder fremdes Eigentum eine Ueberschwemmung stiften (§ 312—314)! Verboten ist die Gefährdung von Leib und Leben hülfloser Personen durch Aussetzung (Bg. N. I 119).

Ebenso muß die Norm, welche außer dem Verbote der Körperverletzung dem Verbrechen der Vergiftung im § 229 zu Grunde liegt, als Verbot der Gefährdung fremden Menschenlebens durch Beibringung von Gift oder von anderen die Gesundheit zu zerstören geeigneten Mitteln aufgefaßt werden (N. II p. 521).

Auch im positiven schweizerischen (kantonalen und eidgenössischen) Strafrecht haben die Gefährdungsdelicte eine derartige gesetzgeberische Behandlung erfahren,[1] wie wir an späterer Stelle an einigen Beispielen eingehender nachweisen werden.

Es ist somit eine für die Schweiz durchaus neue und originelle Idee, welche der Verfasser des Vorentwurfs zu einem schweizerischen Strafgesetzbuche, Prof. Stooß, im Art. 58[2] und 152[3] seines Entwurfs zum Ausdruck bringen will, nämlich die Aufstellung eines generellen Verbotes der Lebensgefährdung ohne Rücksicht auf die anzuwendenden Mittel, und in Art. 67[4] eines solchen der Gesundheitsgefährdung.[5] Mit Recht wurde in den Verhandlungen der vom Bundesrat einberufenen

[1] Vgl. z. B. die Behandlung der Vergiftung im St. Gall. Str. G. B. f. Verbrechen und Vergehen vom 25. Novbr. 85, § 125 und Luzern Art. 171 Kriminalstrafges. v. 29. Dez. 1860,

der Ueberschwemmungsstiftung in Thurgau § 209, Bern 198, Zug (Abändergsges. v. 1. Juni 1882 § 9) der Aussetzung St. Gallen 129, Bern 137, Schwyz 61.

[2] Art. 58. „Wer das Leben eines Menschen vorsätzlich gefährdet, wird, wenn die Gefahr keine gemeine ist (Art. 152) mit Zuchthaus oder Gefängnis von 1 bis zu 3 Jahren und wenn der Tod des Menschen verursacht wurde mit Zuchthaus oder Gefängnis von 2—5 Jahren bestraft.

[3] Art. 152. „Wer das Leben oder die Gesundheit von Menschen vorsätzlich einer gemeinen Gefahr aussetzt, wird mit Zuchthaus bestraft.

Handelt der Thäter aus Fahrlässigkeit, so ist die Strafe Gefängnis oder Geldstrafe bis 30 000 Fr.

[4] Art. 67. „Wer die Gesundheit ein wichtiges Glied oder ein Sinnesvermögen eines Menschen vorsätzlich gefährdet, wird mit Gefängnis bestraft.

[5] Einen kleinen Schritt auf dem Wege zur Aufstellung genereller Gefährdungsnormen bedeutet zwar allerdings schon

Expertencommission zur Prüfung des Stooß'schen Entwurfs darauf hingewiesen,[1] daß man sich durch solche Bestimmungen in den grellsten Widerspruch zum bisher geltenden Recht und zu Binding, dem Begründer der Theorie vom Gefährdungsdelicte, setze.

Binding verwirft eine generelle Gefährdungsnorm nicht nur im Hinblick auf die deutsche Gesetzgebung, sondern er will dieser seiner Ansicht eine durchaus principielle Bedeutung beimessen, welche von jedem Gesetzgeber beobachtet werden soll. Ja er betrachtet es sogar als ein Postulat der Gerechtigkeit, welche jede ungebührliche Beschränkung der menschlichen Handlungsfreiheit zurückweist, daß nur bestimmte besonders unheilschwangere Gefährdungshandlungen unter Strafe gestellt werden.[2], [3]

Wenn dieser Widerspruch allein schon interessant genug ist und geeignet, zu näherer Betrachtung des Gefährdungsthatbestandes anzuregen, so gilt dies noch vielmehr von der Wandlung, welche der cit. § 58 in kurzer Zeit durchgemacht hat, um nun nach zweimaliger Prüfung durch die Expertencommission in äusserst charakteristischer Form im neusten Entwurfe[4] zu erscheinen als Art. 59:

„Wer einen Menschen wissentlich und gewissenlos in unmittelbare Gefahr für Leib und Leben bringt . . . . . .

Art. 67 des Bundesges. über das Bundesstrafrecht vom 4. Februar (Hornung) 1853 (Stooß, Syst. Zstllg. p. 607)

a. „Wer durch irgend eine Handlung absichtlich Personen oder Waaren . . . einer erheblichen Gefahr aussetzt . . .

b. „Wer leichtsinniger oder fahrlässiger Weise durch irgend eine Handlung . . . eine solche erhebliche Gefahr herbeiführt.

Die Beschränkung jedoch liegt darin, daß Personen oder Waaren sich auf einem zur Beförderung der Post dienenden Wagen oder Schiffe, oder auf einer Eisenbahn sich befinden müssen".

[1] In „Verhandlungen" Bd. II p. 507 verweist Meyer von Schauensee auf die entgegenstehende Theorie Bindings und behauptet im übrigen, es liege in der Bestimmung des Art. 58 eine Gefahr für die individuelle Freiheit, den wissenschaftlichen und culturellen Fortschritt.

Vgl. auch Verhandlungen I Bd. Besond. Teil. (Erste Lesung) p. 343 ff.

[2] Normen I p. 385, N I p. 384 IV 1 „Thatbestände nach dem Muster: „Wer vorsätzlich Leib oder Leben eines Anderen gefährdet" kommen nicht vor.

N. II p. 521. „Läßt sich etwa eine Norm des Inhalts nachweisen: „Ihr sollt fremdes Menschenleben nicht gefährden."

[3] Auch v. Bar Handbuch I p. 341 und Geyer Grundriss I p. 70 warnen vor einer generellen Strafdrohung. Ebenso Hälschner, Lehrbuch II p. 25. Meyer, Lehrbuch 4. Aufl. 1888 p. 902 und in knapperer Form 5. Aufl. 1895 p. 477.

[4] „Schweiz. Strafgesetzbuch" nach den Beschlüssen der Expertencommission, Bern, Stämpfli & Co. 1896 in der Folge als „Commissionalentwurf" citiert.

Diese Fassung ist hervorgegangen aus der Erkenntnis, daß Inhalt und Wesen der „vorsätzlichen Gefährdung" wie sie im 1. Entwurfe sich findet, noch zu wenig erkannt seien, und dieser Umstand eine schärfere Umgrenzung des subjectiven und objectiven Thatbestandes erheische.[1]

Die Begriffe der Gefährdung und des Gefährdungsvorsatzes sind denn auch in der That, wie überhaupt die ganze Lehre vom Gefährdungsdelicte heftig umstritten. Es erscheint deshalb zeitgemäß und im Interesse der verständnisvollen Würdigung der zahlreichen Gefährdungsthatbestände im künftigen schweizerischen Strafgesetzbuche (Man vgl. bes. die §§ 57, 58, 59, 60, 155, 158, 159, 160, 161, 162—170 des Commissionalentw.) geradezu geboten, die Schwierigkeiten nicht nur zu bezeichnen, sondern auch deren Lösung energisch in Angriff zu nehmen.

Und zwar soll die vorliegende Abhandlung namentlich folgende Fragen ventilieren:

Was haben wir unter Gefahr zu verstehen? Ist damit ein Zustand bezeichnet oder eine subjective Befürchtung des Thäters, des Angegriffenen, des Richters oder Gesetzgebers.

Im Anschluss hieran wird die Controverse zu entscheiden sein, ob zur vollendeten Gefährdung der Eintritt einer wirklichen Gefahr erforderlich sei. Des weiteren: Spiegelt sich in der Gefährdung nicht etwa die objective Seite des Versuchs und liegt in der vorsätzlichen Gefährdung nicht immer ein Verletzungsversuch. Dies führt uns dann zur Betrachtung der subjectiven Seite, Vorsatz und Fahrlässigkeit bei der Gefährdung, wo wir namentlich den Vorsatz einer eingehenderen Würdigung unterwerfen wollen. Haben diese beiden Schuldformen einen andern Inhalt bei den Uebertretungen der Verursachungsverbote als bei denen der Gefährdungsverbote, wenn sowohl die Verletzung eines Gutes als dessen Gefährdung verboten ist, wie Binding (N. I p. 121) behauptet.

Giebt es einen Gefährdungsvorsatz, Gefährdungswillen, Gefährdungsabsicht als eine dritte Schuldform im Sinne Stooß's[2], die sich im Wollen der Gefahr erschöpfte, oder ist damit notwendig ein eventuelles Wollen der Verletzung verbunden. Die Beantwortung dieser Frage ist präjudiciell für die Beantwortung der andern: Ist der Verletzungserfolg beim Gefährdungsdelict zum dolus (dolus determinatus, in-

---

[1] Vgl. Verhandlungen 2. Bd. p. 506—510.

[2] „Dolus eventualis und Gefährdung" in der Zeitschr. f. d. ges. Strafr. Bd. XV p. 199 1895.

Vgl. auch Verhandlungen Bd. I. Erste Lesung p. 345 „ein Mittelding" (Cornaz Gautier).

determinatus eventualis), oder zur culpa (luxuria, einfache culpa) oder gar als ein zufälliger zurechenbar.

Alles dies sind schwierige und heftig bestrittene Fragen, deren nähere Untersuchung und Lösung um so dringender und wichtiger erscheint, als nachgerade das Gefährdungsdelict in allen modernen Gesetzgebungen eine hervorragende Rolle spielt[1], besonders auch in unserem künftigen Strafgesetzbuche in ausgiebigem Maße und teilweise neuer und origineller Form zur Bestrafung gelangen soll.

Beginnen wir mit der Erörterung des Gefahrbegriffs!

§ 2. Der Gefahrbegriff.

I. Seine Bedeutung.

Erst in neuerer Zeit hat man es versucht, dem Begriffe der Gefahr ein wissenschaftliches Gepräge zu verleihen, Bestimmtheit und Allgemeingültigkeit.

Allein bald genug machten sich die Schwierigkeiten einer derartigen Begriffsbestimmung bemerkbar, und man sah ein, daß dabei über eine gewisse Relativität nicht hinaus zu kommen sei.

Dies veranlaßte eine ganze Anzahl bedeutender Theoretiker und Praktiker den Gefahrbegriff über Bord zu werfen und Gefahr und Gefährdung als objectiv bestimmbare Merkmale einer verbrecherischen That zu verneinen.

Da nach ihrer Auffassung, der sog. subjectiven Gefahrtheorie[2], die Annahme einer Gefahr stets nur einer subjectiven Vorstellung ent-

---

[1] Vgl. Rotering, Fahrlässigkeit und Unfallsgefahr 1892 p. 52 ff.

[2] Subjective Theorie: Sie wird hauptsächlich vertreten durch:

Lammasch: Das Moment objectiver Gefährlichkeit im Begriffe des Verbrechensversuchs, Wien, Alfred Hölder 1879.

Hertz: Das Unrecht und die allgemeinen Lehren des Strafrechts. Hamburg, Hoffmann & Campe 1880.

Janka: Das österreichische Strafr. 1. Aufl. 1884 p. 59.

Finger: „Der Begriff der Gefahr und seine Anwendung im Strafrecht. (Sep. Abdr. aus der juristischen Vierteljahrsschrift des deutschen Juristenvereins in Prag II. u. III. Heft) Wien 1889.

Vgl. auch dessen Strafrecht Bd. II p. 81.

v. Buri: Ueber den Begriff der Gefahr und seine Anwendung auf den Versuch CS Bd. XXXX 1888 p. 503 ff.

v. Buri: Ueber die Begriffe des Vorsatzes und der Handlung CS Bd. XXXXI 1889 p. 408—444.

Siehe bes. p. 416, 417.

v. Buri: Gefahr und Versuch in der zweiten Auflage des ersten Bandes der Normen. CS Bd. XLIII 1891 p. 321—356.

springt und in objectiven Verhältnissen und Verumständungen in keiner Weise gegründet ist, so wäre es geradezu willkürlich, wollte der Gesetzgeber die Existenz oder das Fehlen einer Gefahr als Unterscheidungsmerkmal[1] des strafbaren Handelns vom straffreien Thun verwerten.[2]

Wäre das etwa „ein bestimmtes und leicht greifbares Merkmal" im Sinne v. Bar's. (Handbuch p. 341.[1]) Und doch ist es eine unleugbare Thatsache, „daß alle ausgebildeten Rechte den Gefahrbegriff anerkennen und der Gefahr sowie der Gefährdung die mannigfachsten Rechtswirkungen beilegen." (So Binding N. I p. 377). Dies gilt auch insbesondere von den schweizerisch-cantonalen Gesetzgebungen.[3]

---

[1] Vgl. auch Geyer, Grundriß I p. 77. Meyer, Lehrbuch 5. Aufl. 1895, über die Art und Weise wie der Gesetzgeber die strafbare Handlung zu bezeichnen hat p. 26.

[2] Diese Consequenz zieht

Hertz Unrecht p. 80. „Es erscheint schlechterdings unzulässig die Gefahr der Verletzung des Rechtsschutzobjectes zum Merkmal eines Verbrechensthatbestandes zu erheben".

[3] Wir finden die Gefahr als Strafzumessungsgrund, Strafschärfungsgrund (Strafänderungsgrund) und Thatbestandsmerkmal verwertet:

Strafzumessungsgrund: Bundesstrafr. § 16, Schaffhausen § 51 die Strafe der Versuchshandlung bemißt sich u. a. danach „ob sie eine mehr oder minder dringende Gefahr für das bedrohte Recht zeige; Ebenso St. Gallen § 30 „nach dem Grade der Gefahr für die bedrohte Person oder Sache; Obwalden § 26 d. Polizeistrafg. vom 20. April 1870 bemißt die Strafe „je nach der Größe und Gefährlichkeit von That und Thäter". In Schaffhausen 70, Luzern § 70a, Obwalden 26, Glarus 35, Zürich 58, Tessin 40², Zug § 35, Appenzell a. Rh. 45, Solothurn 51, St. Gallen 35a wird der Grad der Gefährlichkeit der zu bestrafenden Handlung als allgemeiner Strafzumessungsgrund bezeichnet. Der Grad der Gefährlichkeit und danach die Vermehrung oder Verminderung der Strafe bestimmt sich näher (Graubünden § 49²) nach der Ausdehnung der Gefahr, je nachdem sie sich auf mehr oder weniger Personen erstreckt und Obwalden 27³) erkennt die Gefährlichkeit indirect daran „je mehr und je größere Gefahren die That erschwerten.

Speciell wird die größere oder geringere Gefährlichkeit der hochverräterischen (Graubünden § 62, Obwalden 45² 46, Schaffhausen 100) oder landesverräterischen Handlung (Graubünden 66, 68, Glarus 45², Appenzell a. Rh. 56²) zur Ausmessung der Strafe dieser Delicte verwendet. Die Gefährlichkeit der Verletzung fällt in Betracht in Aargau 65c. Thurgau § 94², Graubünden 126, 127, Aargau 139, Schaffhausen 168³ lassen bei Zumessung der Strafe des Menschenraubes „die Größe der Gefahr, welcher der Geraubte ausgesetzt war" entscheiden.

Bei den gemeingefährlichen Delicten insb. der Brandstiftung wird die Gefahr und ihre Größe sowohl als Straferhöhungsgrund als auch als Strafschärfungsgrund mannigfach verwertet. Für den ersteren Fall liefern Beispiele: Thurgau § 199 „nach der Größe der Gefahr für fremdes Eigentum", Graubünden § 195: „Bei der Ausmessung der Strafe ist zu berücksichtigen; b) die mindere

Allein nicht nur wird die Gefahr vom Strafgesetzgeber als Strafzumessungs, Strafschärfungsgrund, leitendes Motiv zur Bildung einer

---

oder größere Gefahr, welche mit der Brandstiftung für Menschen und Eigentum verknüpft war; c) die Gefährlichkeit des Thäters . . . Des weiteren gehört noch hierher Aargau 168 u. a. m.

Für die zweite Art der Verwendung des Gefahrmomentes fallen beispielsweise in Betracht: Graubünden 193^{3}) wo der Strafrahmen ein anderer ist „wenn dadurch Menschen in Lebensgefahr versetzt wurden und d. w. Aargau 170b, Schaffhausen 134^{6}) Luzern 110^{3} wo Strafänderung vorgesehen ist für den Fall „daß eine große Anzahl von Menschen der Gefahr persönlicher Beschädigung ausgesetzt wurde". Ich verzichte hier auf eine erschöpfende Darlegung der verschiedenen Verwendungen des Gefahrbegriffs bei der Gruppe der gemeingefährlichen Delicte, da die wichtigsten derselben an späterer Stelle eingehender besprochen werden.

In folgenden Delicten ist die Existenz oder das Fehlen der Gefahr als Thatbestandsmoment verwertet:

Begünstigung des § 39 Thurgau; § 41 Graubünden; § 34a St. Gallen; § 41 Zürich: „Unterlassen der Hinderung eines Verbrechens „obwohl sie ohne eigene Gefahr vorgenommen werden kann"; Schaffhausen § 67 „soweit es ohne bedeutende Gefahr für ihn selbst oder einen seiner Angehörigen geschehen konnte". Nach Aargau 46, 47 Abs. 2 wird der Angriff, der zur Notwehr berechtigt als „drohende Gefahr" bezeichnet. Hat der Angegriffene den Angriff abgeschlagen, so ist „die Gefahr abgewendet".

Nach § 40^{1}) Schaffhausen ist Notwehr erlaubt gegen alle gewaltthätigen mit Gefahr für Leben, Gesundheit, Freiheit oder Ehre verbundenen Angriffe gegen die Person selbst. § 42 „die Grenzen der Notwehr sind überschritten, wenn die Art der Verteidigung mit der abzuwendenden Gefahr nicht in angemessenem Verhältnis steht. In dem Falle des § 50 des Aargauischen Strafgesetzbuchs wird der Zustand der Notwehr nur dann angenommen, wenn der Bedrohte Grund hatte, aus der Eigenschaft des Angreifers, aus der Art des Angriffs oder aus anderen Umständen zugleich Gefahr für sich selbst zu besorgen.

In den Notstandsfällen der §§ 24a, c. Thurgau, 45^{3} Graubünden, 38 Schaffhausen, 46, 47 Zürich, 34 Basel, 28 Zug, 40 Solothurn, findet der Ausdruck „augenblickliche (gegenwärtige) Gefahr für Leib und Leben (Schwyz 37 „Gefahr für Freiheit, Gesundheit oder Leben) Verwendung. In Obwalden 34^{3} und Bern 55 wird ihr auch noch das Attribut „dringend" gegeben. Aargau 45 und Glarus 28 sprechen von einer „dringenden gegenwärtigen Lebensgefahr".

Bundesstr. § 37 erwähnt als hochverräterisch die Handlung desjenigen, welcher eine fremde Macht zu einer „die Schweiz gefährdenden Einmischung in ihre inneren Angelegenheiten anreizt und Appenzell § 56 betrachtet des Landesverrats schuldig denjenigen, welcher eine auswärtige Regierung zu einer unseren Kanton gefährdenden Einmischung bestimmt.

Statt des Ausdrucks „Gefahr" findet sich auch „Gefährde" so z. B. in St. Gallen § 151 wo Aufreizung zu gewaltsamem Umsturz . . . mittelst mündlicher oder schriftlicher Aeußerungen . . . wegen der damit verbundenen Ge-

Verbrechensfigur und Thatbestandsmerkmal verwendet, sondern er läßt auch an vielen Stellen die Auffassung der Gefahr als eines Zustandes, der unabhängig von unsrer Vorstellung den Keim einer Verletzung in sich trägt, deutlich erkennen, so wenn er eine Handlung z. B. Ueberschwemmungsstiftung, die mit gemeiner Gefahr für Leben oder Eigentum verbunden ist, unter Strafe stellt (Thurgau § 209, Zürich § 206 a (wenn das Leben von Menschen durch die Ueberschwemmung gefährdet wurde), R. St. G. B. § 312. Hertz, ein Hauptanhänger der subjectiven Theorie muß dies sogar zugeben[1], wenn er im Anschluß an § 312 des R. St. G. B. sich folgendermaßen ausläßt:

„Hier ist allen Ernstes angenommen, die Gesammtzahl aller derjenigen Ueberschwemmungen, durch welche kein Menschenleben vernichtet wird, enthielte neben für Menschenleben ungefährlichen zugleich auch solche Ueberschwemmungen, welche einen objectiven Zustand der Gefahr für eine Mehrheit von Menschenleben in sich trügen. Der Gesetzgeber hält also dafür, daß einer solchen Ueberschwemmung unab-

rde an und für sich bestraft wird (Gefährde, Motiv des Gesetzgebers) Luzern § 101 und Glarus § 49 kennen einen Widerstand gegen die Obrigkeit, der sich durch „Drohung mit gegenwärtiger Gefahr für Leib und Leben verwirklicht. Bern § 1 des Gesetzes betreff. Störung des religiösen Friedens vom 14. Septbr. 1875 bedroht gewisse „Handlungen sofern sie in einer den öffentlichen Frieden oder die öffentliche Ordnung gefährdenden Weise" erfolgen. Schaffhausen § 172 und Aargau 142 kennen als Thatbestandsmerkmal der Nötigung „Drohungen, welche mit der Gefahr unverzüglicher und unabwendbarer Verwirklichung verbunden sind. Schaffhausen 175 bestraft Eltern . . . Vormünder, welche ihre Kinder zu einer die Sittlichkeit gefährdenden Beschäftigung oder Lebensweise an Andere überlassen.

Am häufigsten finden wir naturgemäß das Moment der Gefahr verwertet bei den sog. gemeingefährlichen Delicten und zwar ist es häufig hervorgehoben in Wendungen wie: Wer . . . zur Gefährde für Leben oder Eigentum, Thurgau § 209 (Ueberschwemmungsstiftung). Ebenso Waadt § 323 u. Wallis § 329 . . . met en danger une propriété.

Weitere Beispiele bei der Brandstiftung in den Gesetzbüchern von Graubünden § 192, Luzern § 109, Obwalden § 93 wo gesagt wird: „Wer mit Gefahr für Menschen oder für fremdes Eigentum . . ." Oft wird auch die Abwesenheit der Gefahr verlangt: Thurgau § 203 (Brandstiftung an eigener Sache): „Wer ohne Gefahr für Menschen oder Eigentum . . . Ebenso Graubünden 196[3], Schaffhausen 135[2] und Waadt 317: „et qu'il n'en ré sulte aucum danger pour la personne ou pour la propriété d' autrui".

[1] Hertz, Unrecht p. 81. Vgl. auch Finger, Gefahr p. 93. „Vom Standpunkte unserer Gesetzgebung, in welcher die Gefahr als ein gleichsam an objectiven Merkmalen erkennbarer und durch solche charakterisierter Zustand auftritt". Finger, Strafrecht II. Bd. p. 47 ad a (Gefährlichkeit).

v. Buri CS XLIV 1891 p. 325.

hängig von der Vorstellung desjenigen, der sie sich im Widerspruch zur Wirklichkeit als Todesursache denkt, das Prädicat einer gefährlichen zukommen könne."

In zahlreichen schweizerisch-cantonalen Strafbestimmungen documentiert sich diese Auffassung der Gefahr in unumstößlicher Weise.[1]

Was hätte es, um ein crasses Beispiel zu wählen, für einen Sinn, die Handlung desjenigen unter Strafe zu stellen, der es unterläßt, einen in dringender Lebensgefahr befindlichen Menschen zu retten, während er dies ohne eigene Gefahr thun könnte, wenn das Vorhandensein einer solchen dringenden Lebensgefahr oder das Fehlen der eigenen Gefahr nicht an objectiven Merkmalen erkennbar wäre und etwa gar die Vorstellung des Unterlassenden oder in irgend einer Weise Gefährdeten über die Nothülfepflicht entscheiden würde.[2] [3]

Sollte sich der Gesetzgeber wirklich in allen diesen Fällen eines groben Irrtums schuldig gemacht haben. Hoffen wir, daß es uns gelingt, ihn von diesem Vorwurf zu reinigen.

Daß dem Gefahrbegriff nicht in allen Fällen seiner Verwendung diese nämliche Bedeutung zukomme, kann übrigens auch von der sog. objectiven Gefahrtheorie nicht verschwiegen werden.

---

[1] Ich verweise besonders auf p. 6 Anmerk. 3, wo die mannigfache Verwendung der „Gefahr" nachgewiesen wird.

Vgl. auch Kriminalstrafgb. f. Schwyz vom 20. Mai 1881.

§ 45c. Die Strafe wird geschärft aus objectiven Gründen, c) je gefährlicher die angewandte Thätigkeit des Verbrechers war . . .

[2] Ein solches ächtes Commissivdelict der unterlassenen Nothülfe statuieren z. B. Art. 136 des Polizei Strafg. vom 20. April 1870 für Obwalden: „Wer (außer dem Fall des Art. 136) Personen in einem lebens- oder gesundheitsgefährlichen . . . Zustande findet . . .

Tessin (Codice penale vom 25. Jan. 1873) Art. 170 § 1: „Chi, potendo, senza grave pericolo . . . salvar altri da un urgente pericolo . . .. si rifiuta — di prestare soccorso . . .

Commissionalentwurf Art. 242. „Wer einem Menschen, der sich in Lebensgefahr befindet, ohne eigene Gefahr helfen kann, und dies unterläßt . . .

Vgl. auch folgende Bestimmungen:

Strafgesetzbuch vom 3. März 1881 für die Niederlande Art 450 „Wer als Zeuge augenblicklicher Lebensgefahr eines Andern, unterläßt diesem die Hülfe zu leisten.

Strafgesetzbuch f. Finnland vom 19. Dez. 1889 § 2 Kap. 44.

„Wer mit Kenntnis von der thatsächlichen Lebensgefahr in der sich ein anderer befindet . . .

[3] Daß um der Subjectivität einer solchen Gefahr willen eine derartige Betimmung in der That keinen Sinn habe nimmt an:

Lilienthal in seiner Kritik des Stooß'schen E., Ztschft. f. d. ges. Strafr. Bd. XV 1895 p. 355 zu Artikel 197, der mit 242 des Commissionalentwurfes übereinstimmt.

Was diese letztere Theorie allein behauptet ist, daß es überhaupt einen Begriff der Gefahr gebe, der in objectiv bestimmbaren äußern Verhältnissen eine materielle Grundlage habe.[1]

II. Kritische Betrachtung der subjectiven Gefahrtheorie.

Aufgabe der folgenden Erörterung soll es nunmehr sein, einen solchen objectiven Gefahrbegriff aus der Erkenntnis concreter äußerer Verhältnisse zu eruieren. Welches ist nun aber der Weg, auf dem wir zu einer objectiv giltigen Charakterisierung gewisser Thatbestände gelangen? Wie gelingt es uns in einer gefährlichen Situation, welche nach allgemeinem Sprachgebrauch und der Auffassung des täglichen Lebens zu begründeter Besorgnis eines schädlichen Erfolges Anlaß giebt, objective Merkmale nachzuweisen, und sie von einer ungefährlichen einerseits einer bereits schädigenden andrerseits abzugrenzen?

Setzen wir folgenden Fall, der sich jüngst in Heidelberg zugetragen hat:

Ein Reiter, dessen Pferd vor der geschlossenen Eisenbahnbarrière scheut, wird abgeworfen und zwar auf das Geleise des heranbrausenden Zuges. Glücklicherweise gelingt es noch, den Zug auf 2 Schritte Distanz zum Stehen zu bringen.

Gab es in irgend einem Zeitpunkt objective Gründe, welche zum Gefahrurteil berechtigten, oder belehrt uns der glückliche Ausgang, daß wirkliche Gefahr niemals vorhanden war.

Die subjective Theorie bekennt sich kühnlich zur letzteren Ansicht.

Ihre Argumente sind folgende:

---

[1] Dieser Theorie schließen sich an:

J. v. Kries: Die Principien der Wahrscheinlichkeitsrechnung. Eine logische Untersuchung. Freiburg 1886.

J. v. Kries: Zeitschr. f. d. ges. Strafrw. Bd. IX p. 528 ff.

J. v. Kries: Ueber den Begriff der objectiven Möglichkeit, Leipzig 1888 (Sep. Abdr. aus der „Vierteljahrschrift f. wissenschaftliche Philosophie XII. Bd. 1888).

W. v. Rohland: Die Gefahr im Strafrecht 1. Aufl. 1886 2. Aufl. 1888. Dorpat und Leipzig.

Binding: Normen I 120, 377 ff.

Schütze: Lehrbuch 2. Aufl. 1874 p. 506.

Ullmann: CS. XXX 1878 p. 589 ff.

Wanjeck: CS. XXXI 1879 p. 1—34.

Rotering: Gefahr und Gefährdung im Strafgesetzbuch, Goldammers Archiv Bd. XXXI 1883 p. 266 ff.

Siebenhaar: Zeitschr. f. d. ges. Strafw. Bd. IV 1884 p. 245 ff.

Schaper in Holtzendorff, Handb. III p. 859.

Vgl. auch Geßler, Begriff und Arten des dolus p. 163; Müller, Verbrechen gegen die materielle Integrität der Eisenbahnen p. 114.

Alles was geschieht, jede Veränderung in der Außenwelt mußte von Anfang an so erfolgen, wie sie erfolgt ist. Jeder Erfolg ist ein Product der die objective Welt des Geschehens beherrschenden ehernen Notwendigkeit. In der objectiven Welt ist einzig der Begriff der Notwendigkeit begründet. Es giebt keinen Zustand, der für sich, objectiv eine gewisse Möglichkeit oder Wahrscheinlichkeit für einen gedachten Erfolg in sich trüge.[1] „Thatsächlich sind die Umstände, die wir für gefährlich halten, entweder causal oder nicht causal, das Ereignis muß danach eintreten oder ausbleiben.“ (Finger, Gefahr p. 69).

Da nun jede criminelle Handlung entweder verletzt oder nicht verletzt, so muß die Verletzung wie die Nichtverletzung jedesmal notwendig eintreten. Der wirkliche Causalverlauf entscheidet.[2]

Der Eintritt der Verletzung soll uns beweisen, daß schon vor ihrem Eintitt sämmtliche Bedingungen dieses Erfolges gesetzt waren, auch die scheinbar zufälligen, wenn auch vielleicht nicht alle für uns erkennbar.

Der Nichteintritt aber bewiese dann unwiderleglich, daß die Verletzung unter den objectiv existiert habenden Umständen und Bedingungen niemals erfolgen konnte.[3]

Von einem Zustande der Gefahr, in der Mitte zwischen Verletzung und Integrität liegend, kann also keine Rede sein,[4] vielmehr entspringt das Gefahrurteil lediglich unserer Subjectivität,[5] welche nicht im Stande ist, die jeweils vorhandenen Bedingungen zu übersehen.

---

[1] Finger, Gefahr p. 74. „Der Weltablauf kennt keine Möglichkeit, dort herrscht nur starre stricte Notwendigkeit, die erst in den Augen derer, in denen er sich spiegelt, und die auf Grund vergangener Bilder künftige vorbilden zur Möglichkeit sich gestaltet“. Wir sehen eine rein mechanische Weltanschauung vor uns.

[2] Vgl. dagegen Urteil d. R. G. vom 18. Mai 1886 II. Strafsenat E. Bd. 14 p. 135 ff. p. 137. „Für die Frage, ob eine Gefahr für den Transport bestanden habe, ist der wirkliche Causalitätsverlauf nicht entscheidend, weil eine Menge nicht zu berechnender Factoren (zufälliges Verlangsamen oder Beschleunigen der Bewegung des Zuges oder des Fuhrwerks, Scheuen der Pferde) einen andern Verlauf herbeiführen konnte. Selbst wenn der Zusammenstoß gar nicht stattgehabt hätte, wäre eine Gefährdung des Transportes nicht ausgeschlossen, so z. B., wenn der Zusammenstoß durch rechtzeitiges Eingreifen Dritter oder durch ein außergewöhnliches Ereignis vermieden worden wäre.“

[3] Vgl. das Beispiel von Hertz, Unrecht p. 74, wo ein Kind aus einem mehrere Stock hoch gelegenen Fenster stürzt, und sein Tod, weil es dabei auf einen vorübergehenden Heuwagen fällt, von Anfang an unmöglich eintreten konnte.

[4] Hertz p. 74. „Der Gefahrbegriff verdankt der Unvollkommenheit unseres Erkenntnisvermögens seine Entstehung“. (Und darum soll er ein subjectiver sein!) Wir werden später hierauf zurückkommen.

[5] v. Buri CS. XLIV 1891 p. 324 „Das Gefahrurteil ist eine subjective Schlussfolgerung“. Hälschner, Deutsches Strafrecht II p. 597 „ein Kind unserer Unwissenheit“. Vgl. auch Janka 1. Aufl. p. 59.

Nach der subjectiven Theorie wäre somit das Gefahrurteil bestenfalls ein Ausdruck unserer subjectiven Gewißheit. Dasselbe wäre von geringem Werte, da es niemals über das erkennende Subject hinausginge.

In Anwendung auf den oben beschriebenen Fall kommen wir danach zu folgendem Resultate:

Wenn uns die Lage in der sich der Mensch bei Herannahen des Zuges befand als gefahrvoll erschien, und wir darob in größter Angst und Furcht um sein Schicksal schwebten, so war das eine objectiv durchaus unbegründete Besorgnis (metus vani hominis nach römischer Terminologie).

In unserer Beschränktheit sahen wir nicht, daß ja das Anhalten des Zuges, die vom Eintritt einer Verletzung abhaltende Bedingung, in der objectiven Sachlage schon enthalten war. Der Lokomotivführer mußte ja den Mann bemerken, und wenn er ihn nicht bemerkte, so mußte ihm ja von irgend einer Seite ein Warnungszeichen gegeben werden. Denken wir uns den Fall so variiert, daß durch einen sog. Zufall die Westinghousebremse in Function trat (durch zerreißen des Leitungsschlauches) so war dies eben den Umständen nach notwendig, die Verletzung konnte nicht erfolgen. Welch' unerwartetes praktisches Resultat!

Beweist uns denn nicht im concreten Fall das Eingreifen des Lokomotivführers (Contredampf) in den rollendenden Causalismus (im wörtl. Sinne), daß eben im Moment, wo dieser Mensch auf das Geleise zu liegen kam, die ganze Gestaltung der Verhältnisse auf eine Verletzung drängte, da gerade dadurch eine wirksame Bedingung zu diesem Erfolge gesetzt war.

Zur Verdeutlichung der Consequenzen einer subjectiven Gefahrtheorie mögen noch folgende zwei Beispiele dienen.

1) Ein Haus, mitten in einer Stadt gelegen, steht in hellen Flammen. Der starke Westwind droht dem östlichen Nachbarhause große Gefahr. Schon hat das Feuer auch seinen Dachstuhl ergriffen. Allein der angestrengten Thätigkeit der Löschmannschaft, begünstigt durch das plötzliche Drehen des Windes von West nach Ost gelingt es, den Brand zu lokalisieren.

2) Ein nach übereinstimmendem Urteil der Aerzte dem Tode verfallener Kranker wird durch die geschickte Hand eines berühmten Chirurgen gerettet.

Wer wird wohl auch in diesen Fällen im Ernste behaupten wollen, unsere Besorgnis sei eine unbegründete gewesen, die Gefahr eine eingebildete.[1]

[1] Mit Recht bezeichnet Binding diese Logik als eine Stubenweisheit. N I 2. Aufl. p. 379.

Das Fundament der ganzen subjectiven Gefahrtheorie erweist sich denn auch bei näherem Zusehen als ein vielfach angefochtenes. Es wird gebildet durch die strenge v. Buri'sche Causalitätstheorie,[1] welche durch ihre logische Geschlossenheit manche Anhänger gewonnen hat.[2]

Ihre Bedeutung für die Lehre von der Gefahr kann m. E. in folgenden drei Momenten gefunden werden.

a) Um zu einer objectiven Bestimmung der Gefahr zu gelangen, scheint es uns unumgänglich notwendig, daß man an dem Unterschiede zwischen Bedingung und Ursache festhält, in dem man sich die Ursache zum Erfolge als durch eine Häufung zu ihm hinstrebender Bedingungen entstanden denkt. Man muß zugeben können, daß es Bedingungen eines Erfolges giebt, welche den Erfolg nicht herbeiführen, vielleicht weil sie in zu geringer Zahl vorhanden sind, daß somit das Ausbleiben des Erfolges nicht auf einen Mangel jeglicher Bedingungen hinweist.

Allein die Identifizierung von Ursache und Bedingung, so daß Bedingung immer auch Ursache sein muß, um als Bedingung zu figurieren, bildet gerade den Kern der Burischen Theorie. Sie spiegelt sich wieder in der Behauptung von Hertz, Unrecht p. 76.

„So wie für einen Erfolg, welcher nicht eintritt keine Ursachen existieren, so bestanden für denselben auch keine Bedingungen, denn Bedingung und Ursache ist eins."

Ist es wahr, daß, wenn eine sog. gefährliche Situation keine Verletzung im Gefolge hatte, unmöglich Bedingungen dieser Verletzung

---

„Siebenhaar bemerkt Zeitschr. (Liszt) IV p. 252 „In einem solchen Falle zu sagen, eine Gefährdung sei überhaupt nicht vorhanden gewesen, da ja der Nichteintritt des befürchteten Ereignisses die Grundlosigkeit der subjectiven Befürchtung erweise, das möchte fast Frevel sein und es gleicht einer ex postfacto ausgesprochenen Prophezeiung längst eingetretener Ereignisse auf ein Haar". Und p. 524 „Ex post kann jeder über das Vorausgegangene damals Dunkle klug reden".

[1] Sie wurde von Buri in seinem Werke: „Ueber Causalität und deren Verantwortung" begründet und dann in zahlreichen Abhandlungen und Aufsätzen mit Geschick verteidigt. (G.S. 1875 p. 25 ff., Gold. Arch. XXIV 1875 p. 89, GS 1876 170 ff., GS 1880 p. 372 ff., Ztschft f. d. ges. Strafrw. II 400 ff., III 232 ff.)

Vgl. auch v. Buri: Die Causalität und ihre strafrechtlichen Beziehungen, Stuttgart 1885.

[2] Ihr haben sich u. a. angeschlossen:

Hertz: Unrecht p. 167 ff.

Lammasch: Objective Gefährlichkeit p. 5 ff. Handlung u. Erfolg in Grünhut's Ztschft. IX 1882 p. 221 ff.

Liszt: Lehrbuch p. 132 1892.

Hälschner: Gem. d. Strafr. Bd. I 1881 p. 227.

Janka: Oester. Strafr. 2. Aufl. 1890. Ztschft. f. Strafrw. IX 1889 p. 499 ff.

Finger: Strafr. Bd. I 1894 p. 155.

hatten existieren können, so dürfte es allerdings schwer sein, objective Merkmale und Wirkungen in der Gefahr zu entdecken. Soll diese nämlich ein Zustand zwischen Verletzung und Nichtverletzung sein, so steht sie naturgemäß zu ihren Antecedentien und Consequentien in causalen Beziehungen, die z. B. darin bestehen können, daß Bedingungen vorhanden sind, welche möglicher oder wahrscheinlicher Weise sich als Ursachen aufzeigen.

Allein sobald es sich darum handelt, Aufschluß über die Ursächlichkeit, den Causalwert einer Handlung, eines Dinges, eines Gegenstandes, eines Mittels, überhaupt eines bestimmten Reale zu erhalten, versagt die Buri'sche Causalitätstheorie. Denn von Causalität kann man ja nur insofern sprechen, als eine wahrnehmbare Veränderung, ein fertiger Erfolg bewirkt wurde. Causalität ist ihr Verursachung[1], reale Causalität, während sie doch nur Ursächlichkeit bedeutet.

b) Im ferneren hat die Buri'sche Lehre vom Causalzusammenhang zur vollständigen Eliminierung der Möglichkeitsbegriffe geführt. Möglichkeit und Wahrscheinlichkeit sind nicht im Stande, uns über den Zusammenhang und die Beziehungen von Ereignissen zu einander objective Kenntnis zu verschaffen. Es giebt keine objective Möglichkeit. Es giebt somit keine Bedingungen, welche uns auf einen möglichen oder gar wahrscheinlichen Causalzusammenhang[2] mit einem bestimmten Erfolg schließen lassen. Auch der Zufall wird gänzlich geleugnet, da das strenge Causalgesetz Notwendigkeit auf Notwendigkeit folgen läßt. Möglichkeit, Wahrscheinlichkeit, sind subjectiver Natur. (Finger p. 57 ff.)

Nun spielen aber gerade die Möglichkeitsbegriffe für die Bezeichnung der Gefahr eine große Rolle. Wird ihre Objectivität geleugnet, so kann eine objective Gefahrtheorie nicht bestehen. Ihre sämmtlichen Definitionen operieren mit den Begriffen der objectiven Möglichkeit und Wahrscheinlichkeit. Nach Kries (Objective Möglichkeit p. 66) muß es als zweifellos gelten, daß „Gefahr die Möglichkeit oder Wahrscheinlichkeit eines schädigenden Ereignisses bedeutet".[3]

c) Die dritte Consequenz der v. Buri'schen Causalitätsbetrachtung endlich besteht in einer Unterschätzung und Mißkennung der Erfahrungserkenntnis als der, unserer Ansicht nach, einzigen Quelle der objectiven

[1] Buri GS XL p. 511.

[2] Finger, Gefahr p. 54.

[3] Weitere Beispiele liefern die folgenden Definitionen:

Rohland (Gefahr p. 1): „Zwei Merkmale bilden den Begriff der Gefahr: Die Wahrscheinlichkeit eines Ereignisses und der schädliche Character desselben . . .: Gefahr ist also die größere oder geringere Wahrscheinlichkeit eines verletzenden Ereignisses die mehr oder minder gesteigerte Möglichkeit seines Eintretens".

Erkenntnis überhaupt. — Auf dem Boden einer „idealistisch empiristischen Erkenntnistheorie“ [1] stehend, betrachten wir es als einen Fehler der subjectiven Gefahrtheorie, wenn sie aus der Thatsache, daß dem Gefahrurteil zugestandenermaßen keine, alle gegebenen Verhältnisse überblickende Erkenntnis und Intelligenz (ein Musterintellect im Sinne von Laplace [2] zu Grunde liegt, den Schluß zieht, daß die Gefahr Nichts Objectives sei. Wir müssen mit der Beschränktheit der menschlichen Erkenntnis und des menschlichen Wissens rechnen.[3]

Objectiv ist für uns nicht nur, was wir auf dem Wege der Sinneswahrnehmung erkennen, sondern auch Alles, worüber objective Gewissheit besteht. Wann eine solche Gewissheit vorhanden ist, und welcher Art diese Gewißheit sein muß, damit das Gefahrurteil als Ausdruck eines Objectiven erscheine, werden wir später sehen. Jedenfalls aber wird sie auf dem Wege der Erfahrung erlangt.

Anzuerkennen, daß die Erfahrungserkenntnis, auch die auf Vernunft nicht nur die auf Sinneswahrnehmungen beruhende, objectiv giltige Resultate liefern könne, an concrete Verhältnisse den Maßstab der Erfahrung in dem später zu erörternden Sinne zu legen, dies scheint uns der einzige Weg, zu einer objectiven Gefahrtheorie gelangen zu können, das allein zulässige Fundament eines objectiven Gefahrbegriffs zu sein.

III. Kritische Betrachtung der objectiven Gefahrtheorie v. Kries und v. Rohlands.

Wenn wir nun an eine Darstellung der objectiven Theorie gehen, wie sie von v. Kries [4] und Rohland [5] am ausführlichsten dargelegt wurde,

---

Liszt (Lehrbuch 5. Aufl. § 28, 130, 131): „Zustand, in welchem .... die nahe Möglichkeit ... gegeben ist, daß der Eintritt der Verletzung erfolgen werde.

Meyer (Lehrbuch 5. Aufl. 1895 p. 27,[2]: „Dabei ist unter Gefahr eine solche Lage zu verstehen, in welcher ein schädliches Ereignis als möglich erscheint“.

Das Reichsgericht hat in verschiedenen Entscheidungen seinen Standpunkt dahin normiert:

Gefahr ist die größere oder geringere Wahrscheinlichkeit eines schädlichen Ereignisses. R. G. III 14. Juni 1882 E. VI 396 R. G. II 11. März 1884 E. Bd. X p. 173; Urt. d. R. G. 7. Februar 1884 VI p. 99.

[1] Vgl. Paulsen, Einleitung in die Philosophie 3. Aufl. Berlin 1895. Verlag von Wilhelm Hertz (Besserscho Buchhandlung.)

[2] Vgl. Lammasch, (Objective Gefährlichkeit p. 5 Anmerkung 1).

[3] Rotering, Fahrlässigkeit und Unfallsgefahr 1892 p. 3, 4.

[4] J. v. Kries: „Ueber den Begriff der objectiven Möglichkeit und einige Anwendungen desselben bes. p. 66 ff. Leipzig 1888.

[5] v. Rohland: „Die Gefahr im Strafrecht. Dorpat und Leipzig 2. Aufl. 1888.

so müssen wir zum vorneherein bemerken, daß allerdings die Objectivität in einer Weise construiert wurde, die genug Anlaß und manche Handhabe zur Kritik geben konnte, indem gerade Rohland und Kries eine objective, wirkliche, concrete Gefahr zum Gefährdungsdelict nicht fordern.

Der Eine sucht die Objectivität in der Verallgemeinerung concreter Merkmale, der Andere läßt für die Feststellung der Gefährlichkeit den allgemeinen Charakter der Handlung entscheiden.

Kries[1] definiert die Gefahr als die objective Möglichkeit eines schädigenden Ereignisses, und er hat das große Verdienst, die Möglichkeitsbegriffe und ihre Rolle in der Jurisprudenz näher beleuchtet zu haben. Insbesondere hat er nachgewiesen, daß der Begriff der Möglichkeit objectiv zu fassen sei. Es bestehe eine objective Möglichkeit dafür, daß mit einem Würfel bei einem beliebigen Wurfe eine Zahl von 1—6 geworfen werden könne.

„Man nennt das Eintreten eines Ereignisses unter gewissen ungenau bestimmten Umständen dann objectiv möglich, wenn Bestimmungen dieser Umstände denkbar sind, welche gemäß den factisch geltenden Gesetzen des Geschehens das Ereignis verwirklichen würden". (Obj. Mögl. p. 6). „Daß unter gewissen Umständen ein Ereignis sowohl eintreten als ausbleiben könne, daß Beides objectiv möglich sei, das ist eine Behauptung, die einen durchaus haltbaren und verständlichen Sinn hat, wenn darin die Bezeichnung der bedingenden Umstände eine allgemeine, ungenaue, eine Anzahl verschiedener Verhaltungsweisen einschließende ist. (Object. Mögl. p. 5).

Die Möglichkeit ist in ihrer Größe abstufbar, behauptet Kries, indem die Verwirklichung des Erfolges an die besondere Gestaltung eines Allgemeinen geknüpft ist, und die Spielräume dieser Gestaltung in ihrer Ausdehnung wechseln.

Als Merkmal concreter Thatbestände ist ihm die Gefahr (a. a. O. p. 70) „ein Beispiel eines gewissen allgemein bezeichneten Bedingungscomplexes, der zufolge seines Gestaltungsspielraums und gemäß den factisch geltenden Gesetzen des Geschehens eine große Möglichkeit eines Schadens darstellt. Statt große Möglichkeit kann man auch setzen große allgemeingiltige Wahrscheinlichkeit, welche nicht die Befürchtung Dieses oder Jenes darstellt, sondern sich auch dann ergeben hätte, wenn alles überhaupt erkennbare bekannt gewesen wäre. Er nennt diese concrete Gefahr absolute Gefahr.

Der Grundbegriff der Gefahr ist ihm die generelle Gefahr, ein Ausdruck für gewisse Möglichkeiten, welche generell nicht concret

[1] Object. Möglichkeit p. 67, 68.

bezeichnete Bedingungen für den Eintritt eines bestimmten Erfolges darbieten. Sie ist ihm also nicht Merkmal eines concreten Thatbestandes.

Der Gesetzgeber aber verwendet die objective Gefahr im letzteren Sinne, und der Richter soll unter Würdigung concret bezeichneter Verhältnisse über das Vorhandensein einer Gefahr urteilen.

Die objective Gefahr als eine generelle im Kries'schen Sinne ist für den Juristen nicht brauchbar, weil zu sehr vom concreten Falle abstrahiert wird.

Mit Recht ist die Theorie der generellen Gefahr namentlich durch Buri angefochten worden,[1] trotzdem sie indirect auf die Buri'sche Lehre zurückzuführen ist. Ihre Gestalt ist folgende:

Kries liegt im Banne einer strengen Causalitätstheorie[2]. Er kann das Gefahrurteil niemals auf Grund der in concreto realisierten Bedingungen fällen, da diese nach consequenter Auffassung, wenn sie zu einem Schaden nicht führten, offenbar auch keine Möglichkeit für den Eintritt desselben boten. Wie von objectiver Möglichkeit so kann daher von Gefahr nur gesprochen werden[3] „mit Bezug auf allgemein bezeichnete Bedingungen, welche eine Vielheit verschiedener Verhaltungsweisen einschließen.“ Je größer der Gestaltungsspielraum, um so mehr ist die Größe der Gefahr gesteigert.

Zur Annahme einer Gefahr genügt ihm also die generelle Möglichkeit. Darum ist ihm dann auch die Anwendung des Gefahrbegriffs auf concrete Thatbestände eine Modification des Gefahrbegriffs.

Kries unterscheidet abstracte Gefahr, Gefahr im weitesten Sinne, wo nur durch Abstrahierung von beinahe sämmtlichen Besonderheiten des einzelnen Falles von einem geringen Grade der Möglichkeit eines Schadens gesprochen werden kann. (Obj. Mögl. p. 72. Es fällt ein Funken auf ein Strohdach welches aber zu feucht ist um Feuer zu fangen), generelle Gefahr, der theoretisch allein richtige Begriff, absolute Gefahr (concrete Gefahr) und typische Gefahr, wo auch ex post nicht abzusehen ist, welche Kräfte die Entwicklung des schädlichen Erfolges hemmten.

Durch v. Kries beeinflußt, legt auch Rohland (die Gefahr im Strafrecht) seiner Bildung des Gefahrbegriffes die objective Möglichkeit zu Grunde,[4] die Möglichkeit, daß eine Veränderung an Rechtsgütern

[1] GS XL p. 514. Vgl. auch Binding Normen I p. 379.

[2] Object. Möglichkeit p. 20 ff.

[3] Object. Möglichkeit p. 68.

[4] Rohland: Gefahr p. 15, 96.

vor sich gehe und er findet, daß die generelle Gefahr das Wahrzeichen des Gefährdungsdelictes sei.[1]

Er fordert Existenz der Gefahr, die Intensität der Gefahr sei ohne Einfluß auf den Thatbestand des Delictes.

Allein seine Untersuchung zeigt deutlich, daß ein geringer Grad von Gefahr, wie er ihn für genügend erachtet, keine Gefahr mehr ist, daß, um einen beliebten Ausdruck Rohlands zu gebrauchen, die quantitative Unterscheidung in eine qualitative umschlägt.

Von dem Allgemeincharakter einer Handlung ausgehend[2] vernachlässigt er die individuellen Merkmale eines verbrecherischen Thatbestandes, während Kries sie verallgemeinert.

Rohland verlangt zum vollendeten Gefährdungsdelict Existenz der Gefahr (Gefahr p. 7 u). Damit folglich eine delictische Handlung als ein Gefährdungsdelict erscheine, muß der Handelnde eine Gefahr erzeugen, existent werden lassen.

Trotzdem stellt er auf p. 9 die kühne Behauptung auf: „Selbst das Ausbleiben der Gefahr im gegebenen Falle berührt den Thatbestand (sc. des Gefährdungsdelictes) nicht, und ist mithin nicht geeignet, die Existenz! der Gefahr in Frage zu stellen. Ob die Gefahr in concreto eintritt oder nicht ist durchaus unerheblich. Repräsentiert daher die regelmäßig nahe Möglichkeit eines verletzenden Erfolges den wahren Charakter einer Handlung, so sind die speciellen Merkmale des einzelnen Falles, die nur entfernte Möglichkeit, das Nichtentstehen der Gefahr in concreto ja die Unmöglichkeit ihres Eintritts, weil als individuelle Merkmale dem Allgemeinbegriff gegenüber zufällige nicht im Stande die Beurteilung der Handlung als einer gefährlichen zu alterieren“ (Gefahr p. 11).

Wenn ich also z. B. auf einen Menschen schieße, so soll es gleichgültig sein, ob ich den Hut des Gegners streife, ob der Schuß versagt oder ob die Entfernung in der sich der Mensch befindet, die Tragweite des Geschosses um ein Bedeutendes übersteige. Verbietet der Gesetzgeber die Handlung des Schießens, „so daß dadurch Gefahr für das Leben eines Andern entsteht“ oder wie die Wendungen heißen mögen, in denen er das Thatbestandsmerkmal der Gefahr aufstellt, so soll der

---

[1] Vgl. a. Villnow in Goldtammers Arch. 1887 XXXV p. 98—132, welcher sich der generellen Gefahrtheorie anschließt.

[2] Gefahr, p. 11. „Bei der rechtlichen Wertschätzung einer Handlung nehmen wir den Allgemeinbegriff derselben zum Maaßstab also den gemäß ihrer regelmäßigen Erscheinungsform sich ergebenden generellen Charakter, dem gegenüber stellt sich die individuelle Gestaltung der einzelnen unter den Handlungsbegriff fallenden Handlungen als etwas unwesentliches zufälliges dar“.

Thatbestand ohne Rücksicht auf die individuelle Gestaltung des Falles erfüllt sein, weil mit dem Schießen auf einen Menschen regelmäßig Gefahr verbunden ist, die Handlung den generellen Charakter einer gefährlichen hat.

Nehmen wir an, daß der Schuß nach der Beschaffenheit der Waffe nicht losgehen konnte, oder daß die Ladung eine äußerst schwache war, und die Unmöglichkeit der Entstehung einer Gefahr erkennbar, sollte da die generelle Gefährlichkeit, die generelle Gefahr eine objective sein?[1]

IV. Wie gelangt man zum Begriff einer objectiven Gefahr?

Die eben besprochenen Theorien lassen uns also insofern unbefriedigt, als ihnen das Verständnis für die concrete Gefahr des einzelnen Falles, wie sie vom Gesetzgeber zweifellos als Merkmal delictischer Gefährdung in einer Reihe von Thatbeständen gefordert wird, abgeht. Immer ist ihnen die Gefahr nur Attribut einer Handlungsgruppe aber nicht der einzelnen That, wie sie dem zur individualisierenden Würdigung berufenen Richter vorliegt.

Die Gründe liegen, um noch einmal kurz zu recapitulieren, einerseits in der einseitig formalistischen Art, wie der Causalitätsbegriff aufgefaßt und demnach der Gefahrbegriff construiert wurde.

Andrerseits stand die wissenschaftliche Eruierung eines objectiven Gefahrbegriffes zu sehr unter dem Einfluß der v. Kries'schen rechnungsmäßigen Massenbeobachtung, wie sie der Wahrscheinlichkeitsrechnung eignet. Was diese Theorien uns liefern, ist mehr eine Präzisierung des gesetzgeberischen Motivs, welches zur Aufstellung von Gefährdungsverboten geführt hat, und wie wir später sehen werden, ist dann auch abstracte sowohl als generelle Gefahr ein die Polizeigefährdungen, Gefährlichkeitsdelicte[2] begleitendes Merkmal.

Zu wenig wird u. E. recurriert auf die Anwendungen, die das tägliche, das praktische Leben von dem Gefahrbegriffe macht[3], und Pfenninger weist mit Recht des öfteren (vgl. bes. „Das Strafrecht der Schweiz" p. 775) darauf hin, daß wo die dialectische, doctrinäre Behandlung in Widerspruch zum Leben und zur Praxis tritt, auf den im Volksbewußtsein wurzelnden Begriff zurückzugehen ist.

[1] Vgl. v. Buri GS XL p. 510. „Daher geschieht es aber auch lediglich vermöge einer Präsumtion, wenn die generelle Gefährdung als Verursachung einer wirklichen Gefahr in Betracht gezogen wird".

[2] Vgl. Kessler GS XL p. 599.

[3] Vgl. Rotering, Fahrlässigkeit und Unfallsgefahr 1892 p. 20.

Lange Zeit bevor das speculative Denken sich an ihm versuchte, wurde er vom Gesetzgeber dem Sprachgebrauche des gewöhnlichen Lebens entnommen und als allbekannter verwertet.

Wir sagen oft mit Bestimmtheit, das und das ist „gefährlich“ und wollen damit ausdrücklich sagen, daß dies nicht nur eine Idee von uns ist, eine rein subjective Meinung, wie wir etwa sagen, es scheint mir wahrscheinlich, es scheint mir nicht unmöglich zu sein.

Wohl läßt Furcht vor einem drohenden Uebel uns häufig eine Situation gefährlich nennen, und sicherlich sind Furcht und Hoffnung und Zuversicht in den meisten Fällen subjective Seelenempfindungen; aber wer wird leugnen wollen, daß sie sehr oft in objectiven Verhältnissen eine recht greifbare Unterlage besitzen. Wenn wir von Lawinengefahr, Gefahr eines Bergrutsches reden oder wenn wir uns selbst in Lebensgefahr befinden z. B. bei einer Schiffs- oder Eisenbahnkatastrophe, sollte da unser Gefahrurteil keine objective Grundlage besitzen können. Giebt es nicht auch heute noch ein metus non vani hominis sed qui merito et in homine constantissimo cadat (l. 6 D Quod metus causa gestum erit 4, 2).

Oft sagen wir sogar, jemand sei in beständiger Lebensgefahr. Dies ist dann der Fall, wenn die schädlichen Tendenzen einer Situation durch immerfort thätige Gegenkräfte paralysiert werden müssen. Ich mache z. B. eine gefährliche Bergtour, wo nur die Anspannung aller Kräfte und die äußerste Vorsicht das Umschlagen der Gefahr in die Verletzung hindern. Und wenn gesagt wird, es ist keine Gefahr vorhanden, so können wir in vielen Fällen die Gründe ohne weiteres angeben.

Gefahr bedeutet also im volkstümlichen Sinne den Zustand eines drohenden Uebels. Das Gefahrurteil beruht auf einer Diagnose äußerer Verhältnisse und zwar einer ungünstigen.

Wie der Arzt kraft seiner beruflichen Erfahrung zu einer Diagnose befähigt ist, so der normale Mensch kraft eines gewissen Durchschnittsmaßes von erfahrungsmäßig erworbenen Kenntnissen.

Die Annahme einer Durchschnittserfahrung bei normalen Menschen beruht auf folgenden Erwägungen:

Es giebt gewisse Erfahrungen, welche ein jeder Mensch einmal gemacht hat und die in ihm haften. Diese Summe von Erfahrungen, von Vorstellungscomplexen, Erfahrungsreihen, welche durch Wahrnehmung gewisser entsprechender Verhältnisse immer wieder neu geweckt werden auf dem Wege der Ideeenassociation, nennt man das „potentielle Wissen.“ [1]

[1] Dieser Ausdruck wurde von S. Stricker erfunden in seinen „Studien über das Bewußtsein“ Wien, Braumüller 1879.

Vgl. auch Stricker: „Physiologie des Rechts“ Wien 1884, Törplitz p. 1.

Menschen, die derselben Zeitepoche angehören, auf demselben Territorium zusammenleben und mit einander verkehren, haben über eine ganze Reihe von Vorgängen analoge Grundcomplexe eingelagert. Im Laufe der Zeiten allerdings hat die Summe dieses gemeinsamen Wissens gewechselt.

Heutzutage sind jedem normalen Menschen die Wirkungen der Dampfkraft, der Electrizität etc. bekannt. Gerade diese durch die Fortschritte der Bildung und der Technik geförderte Kenntnis der Naturkräfte, der Gesetze des Geschehens [1] und der causalen Verknüpfung der Dinge überhaupt, interessiert uns an dieser Stelle besonders.

Auf diesem [2] jedem Menschen eigenen Erfahrungswissen beruht nämlich, so behaupten wir das Gefahrurteil, es wäre demnach ein sog. „nomologisches Urteil". Sobald wir auf Grund dieser allgemeinen Erfahrung [3] ein Urteil über die Beziehung eines Erfolges a zu einem Erfolge b fällen ist dieses Urteil ein objectives, weil mit einem objectiven Maßstab gemessen wird. Damit aber die Gefahr selbst etwas Objectives sei, muß das Urteil: „Es ist Gefahr vorhanden", der Ausdruck einer objectiven Gewißheit über äußere Verhältnisse sein und zwar genügt objective praktische Gewißheit. Damit etwas nicht nur subjectiv sondern objectiv vorhanden sei, genügt im praktischen Leben, dem der Gefahrbegriff zu entnehmen ist, diese Gewissheit.

Ihre Erfordernisse sind zweierlei Art:

1) Die Handlung, welche gefährden soll, und die durch sie geschaffene Situation zwingt unsere Vorstellungen in eine bestimmte Bahn. Sie werden von der Situation beherrscht. Wir können ihren Verlauf nicht willkürlich gestalten. Das Gefahrurteil muß sich uns bei Würdigung aller concreten erkennbaren Umstände aufdrängen.

2) Unseren Wahrnehmungsresultaten, die uns Gefahr erkennen ließen, wird von Anderen zugestimmt. Es giebt gewisse Situationen, wo jeder, wenn er sich dieselben nur vorstellt, das gleiche Urteil fällt.

---

[1] Wir besitzen wie Merkel, Lehrbuch p. 43 sich ausdrückt „einen Schatz von fertigen Urteilen über die Wirksamkeit bestimmter Kräfte und die gesetzmäßige Verknüpfung bestimmter Vorgänge."

[2] Rotering, Fahrlässigkeit und Unfallsgefahr 1892 p. 22, 23. „Die Erkennbarkeit der Gefährlichkeit unserer Handlungen ist Folge des Umstandes, daß uns die Erfahrung . . . darüber belehrt, daß bestimmte Handlungen sehr oft von einem vom Gesetzgeber reprobierten Erfolg begleitet sind."

Vgl. auch Hälschner III p. 597.

[3] Finger, Gefahr p. 110. „Die allgemeine Erfahrung heißt so, weil sie von jedem ohne weitere Voraussetzungen gemacht werden kann, weil sie nur das durchschnittliche Erkenntnisvermögen, und keine besonderen Studien oder besonderes Wissen zur Voraussetzung hat."

Kurzum, was jeder vernünftige Mensch als gewiß vorhanden annimmt, was die Durchschnittserfahrung jedes geistig und körperlich normal ausgebildeten Menschen bejaht, von dem kann man nicht sagen, daß es nur in unserer Einbildung existiere, nur subjectiv sei.

Allerdings dürfen wir zur Gefahr nicht objective wissenschaftliche Gewißheit fordern, wie diese fälschlicherweise die subjective Theorie zu verlangen scheint. Denn in vielen Fällen wird es uns nicht gelingen nach Abzug alles dessen, was nur in unserm (zwar mit dem Anderer übereinstimmenden) Bewußtsein seine Quelle hat, noch ein Reale, eine reale Bedingung der Verletzung nachzuweisen. Das letztere ist nur da möglich, wo auch die Verletzung in Wirklichkeit und nicht nur in der Idee erfolgen kann.

Es giebt also zweierlei Arten der Objectivität. Indem man die praktische Objectivität geleugnet hat, hat man die Gefahr als etwas Objectives nicht anerkennen wollen.

Worüber müssen wir nun Gewißheit besitzen. Was ist der Inhalt dieser Gewißheit? Genügt es, wenn wir die Gewißheit besitzen, daß eine Möglichkeit einer Verletzung bestehe. Oder ist ein bestimmter Grad dieser Möglichkeit erforderlich?

Die Gefahr ist nach der Auffassung des praktischen Lebens ein besorgniserregender Zustand. In der vernünftigen Besorgnis, in der Gewißheit, welche uns die Erfahrung über die Natur gewisser Handlungen und ihre Erfolge verschafft, spiegelt sich die objective, wirkliche nicht nur eingebildete Gefahr. Diese letztere ist mehr als bloße Möglichkeit eines Schadens. Ein und dieselbe drohende Situation wird nur dann von dem Einen so gut wie von dem Andern mit der gleichen Besorgnis empfunden werden, wenn sie eine beträchtliche, nahe, große Möglichkeit eines schädigenden Erfolges darstellt. So lange wir an einer That a nichts anderes entdecken können, als daß in ihr kein Hindernis für die Entstehung eines Erfolges b liegt, wir aber andrerseits auch keine positiven Anhaltspunkte haben für die Annahme, daß im concreten Fall der schädliche Erfolg b entstehen könnte, wird niemand die That als eine „gefährliche" bezeichnen.

Diese Möglichkeit als bloße Gefahr zu bezeichnen hat keinen Sinn, jedenfalls deckt dieser Begriff keine objective Größe.

Wir verlangen vielmehr einen bestimmten Grad der concreten Möglichkeit der Verletzung zur Gefahr, und zwar beziehen wir diese Möglichkeit auf concret, nicht wie v. Kries will allgemein bezeichnete Bedingungen.

Ob im concreten Fall dieser Grad der Möglichkeit, den wir Gefahr nennen, (wir bezeichnen ihn als große Möglichkeit) vorliege, beurteilt der mit der Erfahrung ausgerüstete Verstand auf Grund der möglichst vollständig zu erhebenden einzelnen Umstände, so weit sie irgendwie erkennbar sind oder waren, zu der Zeit, als die That deren Gefährlichkeit in Frage kommt, begangen wurde. Der wirckliche Causalverlauf, wie er dem Richter unterbreitet ist, kann, wenn er zu einem Schaden nicht führte (der Vergiftete nimmt Gegengift, der Ausgesetzte wird unversehrt aufgehoben, der Ertrinkende wird gerettet, es gelingt, den Eisenbahntransport noch vor dem Hindernis zum Stehen zu bringen, die in eine Menge geschleuderte Bombe hat nur leichte Verletzungen zur Folge, der Schwerkranke wird durch eine kunstvolle Operation gerettet u. dergl. mehr) unser Gefahrurteil nicht alterieren, sofern es eben nur für einen Zeitpunkt gelten soll, wo die Unmöglichkeit des schädlichen Erfolges noch nicht feststand [1], die schließlich den Erfolg hindernden Bedingungen noch nicht vorhanden waren und auch nicht mit historischer Gewißheit erwartet werden konnten.

Sobald einmal aus dem Grunde der Gefährdung im Momente der That, ein Strafanspruch des Staates entstanden ist, kann auch der glücklichste Ausgang die Verurteilung des Thäters nicht abwenden.

Kennen wir hingegen den wirklichen Causalverlauf noch nicht, liegt er vielmehr noch unabgeschlossen vor uns, so entscheidet für den Charakter einer Handlung der voraussichtliche Causalverlauf und zwar weist die gefährliche Handlung und der von ihr herbeigeführte Zustand eine eigentümliche Gruppierung von zum Eintritt des vorgestellten schädlichen Erfolges erforderlichen Bedingungen auf. Natürlich sind sie nur partiell bestimmt, denn in demselben Moment wo sämmtliche Bedingungen existent sind, muß der Erfolg eintreten; allein es ist keine Summe beliebiger unwichtiger nebensächlicher Bedingungen sondern ein Bedingungscomplex, der in seiner Gesammtheit eine große, nicht nur eine bloße objective Möglichkeit eines Uebels darstellt. Wenn auch im Zustand der Gefahr die den Erfolg hindernden Bedingungen noch überwiegen, allerhöchstens mit den positiven im Gleichgewicht stehen (Zustand maximaler Gefahr[2]), so ist eben doch die Beschaffenheit der vorhandenen positiven derart, daß es mehr als zweifelhaft ist, ob sich ihre Zahl nicht mehre, ja sogar mit mehr oder weniger Sicherheit der Anschluß weiterer Bedingungen zu erwarten stehe. Umgekehrt, sagt uns hierbei der Verstand, daß die Setzung von hindernden Bedingungen dem Zufall, einer nicht voraussehbaren Causalität, überlassen ist oder dann durch willkürliche Handlung immer aufs neue erfolgen

[1] Vgl. v. Buri GS XLIV p. 326.

[2] Binding N I p. 120.

muß, weil die schon vorhandenen nicht im Stande sind, aus sich selbst neue zu entwickeln, jedenfalls nicht ein Wachstum im gleichen Verhältnis wie die zum Erfolg hinstrebenden erwarten lassen.

Binding bezeichnet diesen Zustand der Gefahr treffend als ein Spannungsverhältnis der Bedingungsmassen, „zwischen den positiven Bedingungen für die Vernichtung und den negativen für die Erhaltung eines Gutes dergestalt, daß kraft Erfahrung unser Verstand das alsbaldige Hinauswachsen jener über die Widerstandskraft dieser besorgen muß.[1]

Um nun das Wesen dieser Erfahrung (Durchschnittserfahrung in früher bezeichnetem Sinne auf der annähernd gleichen Summe des potentiellen Wissens beruhend) noch näher zu kennzeichnen, möchte ich darauf hinweisen, daß wir in bezug auf die meisten schädigenden Erfolge, namentlich die vom Strafrecht reprobierten, eine ganze Anzahl von Bedingungen kennen, welche zu ihrer Verwirklichung führen. Darunter sind solche, deren Setzung für uns in jedem einzelnen Falle mit historischer Gewißheit den Eintritt des schädigenden Ereignisses erwarten läßt. So giebt es für die Lebensvernichtung eine große Anzahl solcher sichern Wege.

Ein schnell wirkendes Gift, ein wohlgezielter Schuß, ein wuchtiger Schlag u. dergl. können im concreten Falle in einer Weise angewendet werden, daß uns der Erfolg sicher scheint. Bleibt dieser aus, so werden wir etwa sagen, der Zufall habe mitgespielt, der Gefährdete sei wie durch ein Wunder gerettet.

Des weiteren kennen wir „regelmäßig verletzende Bedingungen“ und solche, die in der Mehrzahl der Fälle zum Erfolge führen,[2] neben andern, von denen es in jedem Falle zweifelhaft ist, ob Verletzung oder Nicht-Verletzung ihre Folge sei.

In einer Combination dieser Bedingungsarten nun im concreten Falle, scheint uns das objective Merkmal der wirklichen Gefahr zu liegen.

---

[1] Binding N I p. 387.

[2] Enthält ein Ereignis derartige Bedingungen eines schädlichen Erfolges, so wird von Wahrscheinlichkeit dieses Erfolges gesprochen.

Die Wahrscheinlichkeit ist zur Grundlage des Gefahrbegriffs gemacht von Siebenhaar, Ztschr. f. d. ges. Strafrw. IV 1884 p. 248 ff. „Man hat von dem Begriffe der Wahrscheinlichkeit auszugehen . . .“ „Bei der Wahrscheinlichkeit wird unseren Erwartungen eine ausgeprägt bestimmte Richtung gegeben. Diese Richtung wird bestimmt durch die Erfahrung, daß sich gewisse Bedingungen in der Regel als Ursachen für das wirkliche Eintreten von Veränderungen in der Außenwelt erweisen.“ Weiter oben wird gesagt „in der Mehrzahl gleichgearteter Fälle“

Dagegen Rotering, Fahrlässigkeit und Unfallsgefahr 1892 p. 7.

Hier ist die Möglichkeit aus angebbaren Gründen eine große, und zwar bringt eine solche objective Gefahr die psychologische Wirkung der begründeten Besorgnis hervor. Wir sagen, es ist mehr als zweifelhaft, daß das gefährdete Object vor der Verletzung verschont bleibe.

Die Gefährdung nun bedeutet Herbeiführung der Gefahr.[1] Im strafrechtlichen Sinne stellt sie sich dar, als die neben Verletzung einzige Art des Angriffs auf Rechtsgüter, die durch das Strafrecht geschützt sind.[2] —

Das Resultat unserer bisherigen Ausführungen läßt sich in folgende Sätze zusammenfassen:

Da der Gesetzgeber die Gefahr als etwas Objectives verwertet, die Gefahr als Thatbestandsmerkmal aber objective Existenz besitzen muß, soll ihn nicht der härteste Vorwurf der Willkür treffen, handelt es sich darum, den Gefahrbegriff auf seine objectiven Merkmale zu prüfen. Diese Prüfung zeigt, daß es in der Tat einen objectiven Zustand der Gefahr giebt,[3] und daß das Gefahrurteil einen objectiven Inhalt hat, sofern es als der Ausdruck der objectiven praktischen Gewißheit über das Bestehen einer großen objectiven Verletzungsmöglichkeit erscheint.

Im ferneren läßt sich aber eine objective Gefahr nur im Hinblick auf concrete äußere Verhältnisse behaupten, und zwar müssen diese im einzelnen Falle, für den das Gesetz zur Bestrafung Gefahr verlangt, nach allen Seiten hin, unter Berücksichtigung aller Einzelheiten, soweit sie irgend wie erkennbar sind, durchforscht worden sein.[4] Ist in concreto keine Gefahr vorhanden, dann kann von der Existenz einer objectiven generellen oder abstracten Gefahr nicht gesprochen werden.

Während die objective (concrete) Gefahr ihr Dasein herleitet (abstrahiert wird) aus der Wirklichkeit, den Umständen des Einzelfalls, sieht die generelle (abstracte) Gefahr von diesen ab, sie abstrahiert von der Wirklichkeit.

---

[1] Nicht „größere Gefahr" wie von Liszt will (Lehrbuch 1881 § 3 p. 8, Anm. 1 p. 9.

[2] Daß Gefährdung und Verletzung überhaupt die beiden einzigen Formen des Angriffs auf Rechtsgüter sind betont Binding N I p. 369.

[3] In GS XLI p. 417 muß v. Buri endlich zugeben, daß wenn die Verletzungsfolge durch ein freies menschliches Thun verhindert wurde, „sich allenfalls von einer objectiven Gefahr sprechen lasse." (Was wir behaupten, ist ja aber, daß es überhaupt eine objective Gefahr gebe und wir stimmen dann v. Buri bei, wenn er fort fährt) „Wollte man aber auch diese Frage bejahen, so ist doch ersichtlich, daß der Begriff der Gefahr auf solche Vorkommnisse nicht beschränkt werden darf."

[4] Vgl. v. Buri GS XLIV p. 327.

§ 3. Das Gefährdungsdelict. Gefahr und Versuch. Gefährdung als criminelles Unrecht.

A. Was für ein Gefahrbegriff ist es nun, welcher dem Gefährdungsdelicte zu Grunde liegt? Welche Gefahr ist es, deren Herbeiführung das Gefährdungsverbot verbietet, was bedeutet „in Gefahr setzen", „mit Gefahr"?

Da von einer Herbeiführung, Bewirkung eines Gefahrerfolges nur in dem Sinne einer objectiven Gefahr gesprochen werden kann, und nach den bisherigen Ausführungen nur die concrete Gefahr eine solche ist, kann für uns die Antwort nicht zweifelhaft sein. Die concrete Gefahr ist das Wahrzeichen des Gefährdungsdelictes.

Damit haben wir ein einheitliches Merkmal gewonnen, und es gelingt uns leicht, eine ganze Anzahl verbotener Handlungen zu einer geschlossenen Gruppe (im ob. p. 1 bezeichneten, Binding'schen Sinne) zwischen Verletzungsdelicten und einfachem Ungehorsam zu vereinigen.[1] In dem Verhältnis zur concreten Gefahr, concreten Möglichkeit der Verletzung, scheint uns auch das so wichtige unterscheidende Merkmal der Ungehorsamsdelicte oder Polizeidelicte und der criminellen Gefährdungen zu liegen.

Es gilt Front zu machen gegen eine ungebührliche Erweiterung des Kreises der Gefährdungsdelicte, wie sie die generelle Gefahrtheorie mit sich bringt und wie sie besonders durch Rohland geschaffen wurde.

Ueberall wo das Gesetz Gefahr fordert, diese zum Delictsmerkmal erhoben ist, genügt nicht die generelle Gefahr.[2] [3] Dies muß doch zum mindesten da zugegeben werden, wo ein bestimmter hoher Grad, augenscheinliche, unmittelbare, (Art. 59 des Comm. E.) gegenwärtige (Vgl. § 52, 54, 176, n. 1, 177, 249 1, 252, 255 des R. St. G. B.) wirkliche

[1] Im weitesten Sinn kann man jede verbrecherische Handlung als Gefährdungsdelict bezeichnen. Vgl. Ihering: Der Zweck im Recht, 2. Aufl. Leipzig 1884 I p. 490 und 491 ob.

[2] Rohland, Gefahr p. 19 . . . „Die generelle Gefahr ist beim Gefährdungsverbrechen constantes beim Polizeidelict wechselndes Merkmal der Handlung. v. Rohland ist das unmethodische und willkürliche einer solchen Unterscheidung nicht entgangen. (Vgl. Gefahr p. 15) Gefährdungsdelict und Polizeidelict werden in der That auf diese Weise identisch, aus dem Grunde, weil der Eintritt einer eigentlichen Gefahr gar keine Rolle spielt. Das ist u. E. gerade das charakteristische des Polizeidelictes, welches als regelmäßig oder auch nur als abstract, möglicherweise gefährliche Handlung erscheint. Die regelmäßige (generelle Gefährlichkeit) soll ja aber auch zum Gefährdungsverbrechen genügen.

[3] Wenn zwischen concreten Gefährdungen einerseits, generellen und abstracten Gefährdungen andrerseits nur quantitative Differenzen bestehen sollen, welche dem alle drei Arten umfassenden Begriff des Gefährdungsdelictes keinen

Gefahr gefordert wird. Wenn man aber ferner im Auge behält, daß zwischen concreter Gefahr einerseits, genereller und abstracter Gefahr andrerseits ein qualitativer, nicht nur quantitativer Unterschied besteht, und daß eine Handlung dadurch an concreter Gefährlichkeit nicht um Haaresbreite gewinnt, daß man mit ihr den Begriff genereller oder abstracter Gefährlichkeit verbindet, so wird man nicht anstehen, zur vollendeten Uebertretung des Gefährdungsverbotes in jedem einzelnen Falle Eintritt einer wirklichen Gefahr zu fordern.[1] Nur diese echten, eigentlichen Gefährdungsdelicte[2] sind Gefährdungsdelicte[3]. Sie erschöpfen den Begriff des Letzteren und es hat keinen Sinn noch eine zweite Klasse von Gefährdungsdelicten „uneigentliche Gefährdungsdelicte" zu unterscheiden.

Osenbrüggen bemerkt einmal mit Recht (Brandstiftung p. 38 oben): „Es zeugt überhaupt die so häufige Gegensetzung des eigentlichen und uneigentlichen bei den Juristen mehr von Bequemlichkeitsliebe als von logischem Denken, indem meistens das Uneigentliche ein Reservoir für alles Ueberschüssige bildet, das sich unter eine verfehlte Definition nicht bringen läßt."

Alle Handlungen, welche, weil zu einer generell oder abstract gefährlichen Gruppe gehörend, verboten sind und unter der Bezeichnung uneigentliche[4], abtracte[5] Gefährdungsdelicte, Polizeigefährdungen, Gefährlichkeitsdelicte[6], figurieren, verweisen wir unter die Polizeidelicte auch dann, wenn ihre Eigenschaft regelmäßiger Gefährlichkeit (etwa Lebensgefährlichkeit) durch Verletzung (Sachbeschädigung etc.) hervorgerufen ist, sofern nur die Handlung ohne Rücksichtnahme auf ihre wirklichen Erfolge lediglich aus Sorge vor ihren unbestimmt vielen und mannigfaltigen möglichen Erfolgen unter Strafe gestellt wurde.[7] Soweit hier das Gefahrmoment eine Rolle spielt, handelt es sich immer nur um ein Polizeigefährdungsdelict.[8] Lieber noch möchte

---

Eintrag thun, so kann man auch heute noch sagen, daß Gefährdungsdelicte „Verbrechen einer schwankenden Beschaffenheit", „vage Vergehungen" seien, wie sich Martin ausdrückt. Vgl. dessen „Lehrbuch des teutschen gemeinen Criminalrechts" Heidelberg 1829 § 176 p. 418.

[1] Zustimmend, Wanjeck GS XXXI, 1879 p. 1 ff.

[2] Finger, Gefahr p. 105.

[3] Auf welche Weise der Gesetzgeber das Erfordernis concreter Gefahr aufstellt, werden die Beispiele des besonderen Teils lehren.

[4] Finger, Gefahr p. 99.

[5] Siebenhaar, Ztschr. f. d. ges. Strafr. IV p. 281 in der Mitte.

[6] Kessler, G.S. 1888 p. 509.

[7] Vgl. Binding. N 1 p. 397 ff.

[8] Im Anschluß an v. Stein, Verwaltungslehre I p. 218, welcher die Gefahr beim Polizeidelict als „Polizeigefahr" bezeichnet.

ich diese Delictsthatbestände qualifizierte Ungehorsamsdelicte nennen, wie man von qualifizierten Verletzungs- und von qualifizierten Gefährdungsdelicten spricht. Der gefährliche Charakter einer Reihe von Handlungen bildet den erschwerenden Umstand, die Qualification. Sie heben sich hervor aus der großen Menge von Polizeiübertretungen.

Aus praktischen Gründen und im Hinblick auf die Gesetzgebung lassen sich die echten Gefährdungsverbrechen in „reine" und „gemischte" (So Rohland Gefahr p. 39) scheiden, je nachdem sie lediglich die Uebertretung einer Gefährdungsnorm oder zugleich einer Verletzungsnorm in sich schließen.

B. Nachdem wir nun zu der Auffassung gelangt sind, wonach jedes Gefährdungsverbrechen als concrete Gefährdungshandlung sich darstellen muß [1], die objective Gefahr ein charakteristisches Merkmal desselben bildet, müssen wir notwendig auch eingehen auf das Verhältnis der concreten Gefährdung zum Verletzungsversuch. Es ist bekannt, daß die sog. objective Versuchstheorie, welche bis auf Feuerbach [2]. zurückgeht, und in neuerer Zeit wieder eifrige Vertreter findet, dem Verletzungsversuch das Merkmal objectiver Gefährlichkeit zuschreibt.[3] So wird denn auf dem Boden dieser Theorie allen Ernstes die Frage aufgeworfen, ob nicht in jedem Versuch (Versuch eines Verletzungsdelictes) ein vollendetes Gefährdungsdelict zu finden sei.

Dies ist mit Bestimmtheit zu verneinen.

Es ist streng daran festzuhalten, daß Gefährdungsdelict nur Uebertretung einer Gefährdungsnorm ist. Wenn man also nicht geradezu der Ansicht ist, daß das Verletzungsverbot das Gefährdungsverbot involviere,[4] so kann man nie dazu gelangen, den Verletzungsversuch unter die Gefährdungsdelicte einzureihen.

[1] Dieser Ansicht u. a. Binding N I p. 397, Finger, Gefahr 99 wenigstens prinzipiell,

Rotering 1892 p. 7 ff.

Loock p. 178.

Merkel, Lehrbuch p. 42 unterscheidet „concrete Gefährdungen" (mit objectiver Gefahr) und „generelle Gefährdungen" (p. 45). Zu den letzteren werden auch die Polizeidelicte gezählt.

[2] Vgl. dessen „Lehrbuch" 14. Aufl. Gießen 1847.

Dazu Lammasch: Das Moment objectiver Gefährlichkeit, Wien 1879.

[3] Vgl. Baumgarten, Lehre vom Versuch der Verbrechen p. 431 ff.

v. Kries, Objective Möglichkeit. p. 82.

v. Rohland, Gefahr p. 81.

Merkel p. 130 ff.

[4] v. Liszt, Lehrbuch 2. Aufl. 1884 p. 101. Diese Ansicht greift ihrerseits wiederum zurück auf Stübel, Gefährliche Handlungen N. A. d. Cr. R. (1826) Bd. VIII § 22. „Wer einem andern ein Rechtsgut nicht entziehen darf, darf auch nichts

Allerdings hat man behauptet, daß objective Gefahr sein Wesen ausmache, dann wäre die Thatseite des Verletzungsversuchs und der Gefährdung im oben besprochenen Sinne identisch.

Allein wenn der Versuch concrete Gefahr forderte, wo bliebe da der Versuch der Gefährdung.

Mit dem Versuch wäre ja die Vollendung gegeben.[1] Mit Recht haben Binding[2] und v. Buri[3] hierauf aufmerksam gemacht.

Eine weitere Consequenz der Ansicht, nach welcher die objective Seite des Versuchs in der objectiven Gefahr zu erblicken ist, liegt ferner darin, daß dann der Versuch mit generell tauglichen Mitteln unbestraft bleiben muß.

Jemand beabsichtigt einen Andern zu vergiften, giebt ihm aber eine so geringe Dosis Arsenik, daß eine Lebensgefahr in keiner Weise vorhanden ist, so muß er straflos bleiben.

Und doch läßt sich aus der Vergiftungshandlung nicht nur die Absicht der Tötung erkennen, sondern sie beweist uns auch, daß der Thäter das richtige Mittel ausfindig zu machen wußte. Denn Arsenik ist ohne Zweifel ein generell taugliches Mittel der Tötung.

Concrete, objective Gefahr darf zum Begriff des Versuchs u. E. nicht gefordert werden. Andrerseits können wir uns auch nicht mit der v. Buri'schen sog. subjectiven Versuchstheorie befreunden, welche dem Versuch jeden objectiven Thatbestand abspricht.[4]

Dagegen scheint es uns zu genügen, wenn die Versuchshandlung die objective Eigenschaft einer generell gefährlichen aufweist.[5]

---

thun, wodurch dasselbe in Gefahr gesetzt wird." Daß mit der Verletzung nicht auch schon die Gefährdung verboten ist, ergiebt sich unmittelbar aus dem Zweck der Ersteren. Vgl. Binding N II § 36 V p. 88. „Alle Verbote wollen die menschliche Freiheit nur so weit beschränken, als dies unbedingt nötig ist um den Zweck des Verbotes zu erreichen."

[1] Diese Consequenz zieht Baumgarten, Lehre vom Versuche der Verbrechen, p. 425 und 426 oben. Er definiert Versuch folgendermaßen p. 431. „Unter Versuch verstehen wir jene dolosen Handlungen, in denen der auf Verletzung eines strafrechtlichen Gutes gerichtete Vorsatz sich in einem dasselbe gefährdenden Angriff verkörpert."

[2] Binding N I 2. Aufl. p. 375.

[3] v. Buri G. S. Bd. XL 1888 p. 517.

[4] Dies Letztere wird zwar von vielen Vertretern der Buri'schen Theorie geleugnet, aber von Buri selbst deutlich und klar ausgesprochen, so z. B. im G. S. XLIV p. 325.

[5] Gleicher Ansicht v. Rohland, mit dem einzigen Unterschiede, daß er annimmt, diese Eigenschaft der Handlung vermöge im einzelnen Falle eine objective (generelle) Gefahr zu bewirken. (Gefahr p. 99). Consequent behauptet er dann, (Gefahr p. 80): „Der Versuch theilt also mit dem Gefährdungsverbrechen die objective Seite, die Gefährdung."

Als ein zweck- und sinnloses Unternehmen darf sich der Versuch nicht darstellen, es muß die Möglichkeit vorhanden sein, durch die Handlung den Zweck zu erreichen d. h. Mittel sowohl als Object müssen objectiv zur Rechtsgutverletzung geeignet sein.[1]

Die Handlung muß tauglicher Willensausdruck sein, und sie ist es dann, wenn Mittel und Object im allgemeinen richtig gewählt sind.

Als solche bedeutet sie eine Entwicklungsphase der normverletzenden That, einen Angriff auf Rechtsgüter.[2] Untrennbar mit der Thatseite verbunden ist beim Versuch die Willenseite.

Sie wird gebildet durch die rechtswidrige Absicht, beim Verletzungsversuch, Verletzungsabsicht, beim Gefährdungsversuch, Gefährdungsabsicht, und zwar kann die Absicht[3] nach gemeiner Meinung sowohl in der Form des dolus determinatus als des dolus eventualis vorhanden sein. Nicht aber genügt zum Versuch der reine Vorsatz in dem später (2. Teil) entwickelten Sinne.

Gewiß kann sich der Versuch der Verletzung zur concreten Gefährdung (objectiven Gefährdung) steigern und er wird dies auch in vielen Fällen thun, allein es gehört nicht zu seinem Wesen, daß er es thue.

Der Gefährdungsversuch ist dieser Steigerung nicht fähig, sonst wird er zum vollendeten Gefährdungsdelict.

Wir gelangen nunmehr in der Beantwortung der oben gestellten Frage zu folgendem Resultate:

Der Verletzungsversuch kann als von der Verletzungsabsicht getragene angefangene Uebertretung eines Verletzungsverbotes niemals Gefährdungsdelict sein, wohl aber kann er eine Gefährdung darstellen.

Umgekehrt kann Gefährdungsversuch niemals Gefährdung sein, sondern nur generell gefährliche Handlung. Da diese aber hier in

---

[1] Ich schließe mich damit speciell der Ansicht Pfenningers an, welche mit der Auffassung des Versuchs in den schweizerischen Gesetzgebungen u. E. übereinstimmt.

Vgl. Pfenninger, Strafrecht der Schweiz p. 773 ff. bes. 776, 777, 786.

Stooß, Grundzüge I p. 213.

Picot, E. La tentative dans les codes pènaux suisses. Ztschr. f. schweiz. Strafr. I p. 111 (tentative sèriense). Typisch für die Auffassung des Versuchs ist Aargau § 23. „Wer den bösen Vorsatz der Begehung eines Verbrechens durch „eine äußere zur wirklichen Verübung führende Handlung unverkennbar an den Tag legt . . . macht sich des Versuchs zum Verbrechen schuldig.“

Ausdrücklich wird die Straflosigkeit des Versuchs mit untauglichen Mitteln und am untauglichen Object statuiert in Graubünden § 27.

Vgl. im übrigen Stooß: Systematische Zusammenstellung p. 45—56.

[2] Vgl. Binding N I p. 376.

[3] Vgl. Eisenmann, Ztschrft f. d. ges. Strafrw. Bd. XIII 1893 p. 454—536: „Die Grenzen des strafbaren Versuchs“ bes. p. 461, 465, 485.

Gefährdungsabsicht erfolgt, so stellt sich der Gefährdungsversuch allerdings als Gefährdungsdelict dar, denn Gefährdungsdelicte nennen wir (in Analogie der Binding'schen Definition der Verletzungsdelicte Norm. I p. 368) sowohl die angefangenen als vollendeten Uebertretungen der Gefährdungsverbote.

C. Sobald wir die Gefährdung als Herbeiführung eines objectiv gefährlichen Zustandes auffassen, der eine Annäherung an die Verletzung darstellt, so ist es klar, daß eine solche Handlung gewisser objectiver Wirkungen nicht entraten kann.[1]

Die regelmäßige psychologische Wirkung, Erregung von Angst und Furcht kann das gegen Gefährdung geschützte Rechtsgut in seiner Integrität nicht verletzen. Eine Rechtsgutverletzung liegt nicht vor.

Hat das Gefährdungsdelict seinem Wesen nach einen materiellen Gehalt, so wird sich danach das Delictsmoment bestimmen.

Wenn der Gesetzgeber den Schutzwall des Rechts erweitert, indem er nicht nur das Setzen der Ursache zur Verletzung, sondern auch schon das Setzen der Ursache zur Gefahr verbietet, so schafft er dadurch ein neues selbständiges Rechtsgut, die Sicherheit, Ungestörtheit der Existenz des schon gegen Verletzung geschützten Rechtsgutes.

Diese ist Schutzobject[2] und neues Angriffsobject. Die Gefähr-

---

[1] Die mannigfaltigsten Wirkungen werden der Gefährdung zugeschrieben: Stübel, Gefährliche Handlungen § 22 bemerkt: „Wenn sich der Gefährdete des gefahrvollen Zustandes bewußt wird, so bildet die Gefährdung eine Verletzung der äußern Freiheit, welche darin besteht, „alle seine Kräfte zur Verfolgung seiner vernünftigen Zwecke ungehindert in Bewegung zu setzen."

Rohland, Gefahr p. 65. „Das Recht erblickt aber in dem Eintreten der nahen Möglichkeit einer Verletzung bereits etwas wirklich Vorhandenes, einen Erfolg gleich dem beim Verletzungsdelicte, der zwar keinen so intensiven Schaden erzeugt wie dieser, aber doch bereits eine schädliche Wirkung für die Rechtswelt in sich verkörpert.

Rotering, Fahrläßigkeit und Unfallsgefahr 1892 p. 5. Die nächste Folge dieser (gefährlichen) Situation ist die Entwertung aller stofflichen Güter .... Die einer Sache drohende Verletzungsgefahr hindert ihre Benutzung, weil ihre Existenz für die Zukunft nicht auf sich rechnen läßt.

Vgl. auch Keßler GS XL 580—604 „Kritische Bemerkungen zum Neusten in der Lehre vom Object des Verbrechens p. 598 „Da ein Verbrechen kein Rechtsgut verletzt, sondern nur Interessen, so wird durch das Gefährdungsdelict das Interesse am Unterbleiben concret gefährdender Handlungen verletzt. Zucker GS. XL IV 1891 p. 442 bezeichnet die allgemeine Wirkung der Gefährdung als „Beunruhigung der Gesellschaft, Verhinderung am ruhigen Genuß der Rechtsgüter."

[2] Dies ist Oppenheim'sche Terminologie.

Vgl. Oppenheim. Die Objecte des Verbrechens Basel 1894.

dung war zwar bisher nicht erlaubt, aber sie war unverboten, so weit sie sich nicht als Verletzungsversuch darstellte.

So bestehen denn die objectiven Wirkungen der Gefährdung und der dabei erzeugten Gefahr immer darin, daß eine Erschütterung des Rechtsgutes, dessen Existenzvernichtung verboten ist, in seiner Daseinsgewißheit stattfindet, das Rechtsgut der Existenzgewißheit also verletzt wird.[1] Diese Daseinsgewißheit, welche als Rechtsgut nur in der Idee verletzt wird, während die Existenz selbst objectiv gefährdet wird, ist nicht nur subjective Gewißheit, was aus der ganzen Ausführung Bindings hervorgeht, und ganz mit Unrecht hat Loock[2] diese Qualification des Delictmomentes als Argument gegen die Theorie Bindings verwertet. Es ist eben Daseinsgewißheit, objectiv sicherer Bestand.

Das Rechtsgut, welches primo loco geschützt wird, ist bei der Gefährdung ein anderes als bei der Verletzung. Die Lebensgefährdung des Art. 59 des Commissionalentwurfes verletzt die Sicherheit des Lebens in erster Linie, ebenso die concret gefährliche Aussetzung und Vergiftung. Die concret gefährliche Brandstiftung verletzt die Existenzgewißheit des umliegenden Eigentums etc.

Das Gefährdungsdelict gehört somit als concret gefährliche Handlung mit qualifiziertem Delictsmoment zum criminellen, materiell- formellen rechsgüterschädigenden Unrecht.[3]

---

[1] Dies ist die Ansicht Bindings, welche er Normen I p. 372 ff. begründet. Vgl. dessen Definition des Rechtsgutes. N. I p. 353, 354, 355.

[2] Strafr. Schutz der Eisenbahnen p. 166/167.

[3] Vgl. schon Stübel, Gefährliche Handlungen § 17. Die früher herrschende Ansicht (von Grolmann und Köstlin vertreten), wonach zum wahren Criminalunrecht nur Delicte, welche eine unmittelbare und wirkliche nicht nur ideelle Verletzung herbeiführten, gehören sollten, bloße Gefährdung, aber als zum Gebiete der Polizei gehörig betrachtet wurde, ist veraltet.

In der neueren Litteratur finden sich noch Reminiszenzen bei Seeger, Gold. Archiv 1870 p. 243 Geyer, Kritische Vierteljschrift 1873 p. 43 Merkel, Encyklopädie p. 317.

Zweiter Teil.

Der Gefährdungsvorsatz.

§ 4. Der Vorsatz im allgemeinen.

I. Das Problem eines Gefährdungswillens.

Dem objectiven Thatbestande des Gefährdungsdelictes ist nach unserer bisherigen Ausführung das Merkmal concreter Gefahr wesentlich. Die folgende Erörterung soll der Aufklärung des subjectiven Thatbestandes dienen und zwar interessiert uns am meisten die Frage: Wie läßt sich das Wesen, der Inhalt und Umfang des Vorsatzes bei der Gefährdung bestimmen? (Denken wir dabei z. B. an die vorsätzliche Lebensgefährdung des Art. 59 des Commissionalentwurfes.)

Die Antwort scheint klar und einfach dahin gegeben werden zu können: Der Gefährdungsvorsatz muß die Gefahr als Delictsmerkmal verbotener Gefährdung zum Inhalte haben. Bezüglich seines Umfanges ist zu sagen, daß jede Gefährdung in Verletzungsabsicht seine Existenz ausschließt.[1]

Die Bestimmung seines Wesens endlich hängt davon ab, ob man mit Liszt, Frank, Lilienthal und Anderen das dem dolus eigentümliche Moment in der Vorstellung, der Voraussicht des Erfolges findet oder etwa mit Binding und den Anhängern der Willenstheorie im bewußt rechtswidrigen Wollen desselben (Binding N II p. 117).

Wie stellen uns auf den letzteren Standpunkt, da es für uns überhaupt nur eine Willensschuld, keine Gedankenschuld giebt.[2]

---

[1] Binding, N II p. 455.
Wanjeck, GS XXXI 1879 p. 7.
Siebenhaar, Ztschr. f. d. ges. Strafrw. IV 1884 p. 264.
Gleicher Meinung schon Stübel, N A d. Cr. VIII. Bd. p. 244.

[2] Ich stelle mich damit in scharfen Gegensatz zu Denjenigen, welche wie Liszt (Lehrbuch 3. Aufl. p. 163, 5. Aufl. p. 177 Anmerkung Zeile 3) die Schuld erblicken, in der „Beziehung des Vorstellungslebens des Thäters zu dem eingetretenen Erfolg oder wie in neuester Zeit Löffler „in den strafrechtlich relevanten Beziehungen der Innerlichkeit eines Menschen zu einem social schädlichen Erfolge“ (Schuldformen p. 5). Da Löffler davon ausgeht, daß die Schuld nicht

Soll demnach vorsätzliche Gefährdung vorliegen, so muß der Gefahr-Erfolg in erster Linie bewußt gewollt sein.

Allein, giebt es denn ein Wollen der Gefahr, des gefährlichen Zustandes als solchen? Giebt es ein Wollen der Lebensgefahr, der Leibesgefahr, wie es ein Wollen des tötlichen Erfolges, der Leibesverletzung giebt?

Versuchen wir nämlich den positiven Inhalt dieses bewußten Willens, wie er zum Vorsatz unbestrittenermaßen gehört, zu bestimmen, so ergeben sich eigentümliche Schwierigkeiten, welche zum größten Teile durch die relativ unbestimmte Natur des Willensobjectes bedingt sind.

Wohl ist die Gefahr, wie wir gesehen haben, Etwas Objectives durch objective Merkmale und Beziehungen Bestimmbares, aber nicht im Sinne eines äußerlich sichtbaren Zustandes, wie eine äußerliche Verletzung oder etwa der Zustand des Todes.

Sie bedeutet keinen Zustand der Ruhe, wo die Kräfte erlahmt sind und sich ausgewirkt haben, (der tötliche Schlag ist gefallen) sondern einen Bewegungszustand der zu einer Verletzung hindrängenden und von ihr abziehenden Kräfte.

Bis an die Grenze der Verletzung erstreckt sich ihr Spielraum. Die positiven zum Erfolg hinstrebenden Kräfte scheinen leichtes Spiel zu haben.

Ist es mir da möglich, meinen Willen auf eine bestimmte Constellation der Kräfte eine bestimmte Gruppierung derselben zu richten, wo ihre Wirkung noch gar nicht abgeschlossen ist, m. a. W. giebt es einen Gefährdungswillen, der sich im Wollen der Gefahr als solcher erschöpfte, oder ist etwa damit notwendig ein, wenn auch nur eventuelles Wollen der Verletzungsfolge verbunden?

Dies führt uns auf die Kernfrage unserer Untersuchung, nämlich die Zurechnung des Verletzungserfolges, falls die Gefahr in Verletzung umschlägt, der in Lebensgefahr Versetzte stirbt. Was entgegnen wir dem Thäter, wenn er uns immer wieder zur Antwort giebt, ich wollte nur gefährden, die Verletzung aber wollte ich nicht.

Präziser läßt sich das Problem dahin formulieren: Ist die unverschuldete oder doch nur fahrlässig verschuldete Herbeiführung der Verletzung durch ein vorsätzliches Gefährdungsdelict begrifflich denkbar?

---

notwendig Willensschuld sein müsse, so scheint mir auch der ganze Aufbau seiner Schuldformen auf einem schwankenden Grunde zu stehen.

Unser Standpunkt ist der ursprünglich Feuerbach'sche, mit Eifer vertreten von:

Luden, Abhandlungen II 500 ff. und II 534 Anm. 1, Handbuch I 237 ff., der jedoch den Willensbegriff allzusehr erweitert. Abhdlg. II 526, Handbuch I 258.

In der Ztschr. f. d. ges. Strfrw. XV 1895 p. 199 — 201 behauptet Prof. Stooß, es liege in Bezug auf den Verletzungserfolg zwar kein dolus vor, auch kein dolus eventualis, da ein Wille den Verletzungserfolg zu verursachen aus einer Billigung oder Zulassung nicht ersichtlich sei, der Verletzungserfolg also jedenfalls nicht gewollt sei, aber immerhin mehr als Fahrlässigkeit, eben Handeln auf die Gefahr hin, eine Art dritte Schuldform, ein Mittelding zwischen dolus und culpa, welches die Zurechnung der Verletzung ermögliche.[1]

Aus diesen kurzen einleitenden Bemerkungen ergibt sich deutlich, daß man an die Lösung dieser schwierigen Frage nicht anders herantreten kann, als dadurch, daß man den Begriff des Vorsatzes in möglichster Schärfe gefaßt zu Grunde legt.

Dies erfordert vor allem aus, zu dem äußerst bestrittenen Willensbegriffe[2] klare Stellung zu nehmen.

II. Der Wille.

Als Ausgangspunkt mag uns die Ausführung Bindings in seinen „Normen" „Ueber das Verhältnis des Willens zur Vorstellung und zur That" dienen. (N II § 38 B. p. 104 — 115).

Binding geht aus von einem Dualismus zwischen Wille und Vorstellung. Wille ist ihm das causale Element im Menschen und zwar „durchaus nicht lediglich die Anwendung der Fähigkeit des Menschen, causal zu werden in Verwirklichung einer bestimmten Vorstellung, sondern die Anwendung der Fähigkeit, überhaupt causal zu werden". Verwirklichter Wille ist somit alles, wozu ich Ursache geworden bin. Mein Wille reicht so weit als meine That.[3] Auch das Nichtvorgestellte kann gewollt

[1] Der erste, der den Versuch gemacht, hat mit der hergebrachten Zweiteilung der Schuldformen zu brechen, im Hinblick auf ähnliche Fälle wie die von Stooß angeführten ist Soden: Geist der peinl. Gesetzgebung Teutschlands 2. Aufl. 1792 I 16.

Auf Soden folgt Köstlin, Neue Revision der Grundbegriffe des Criminalrechts 1845 p. 293 ff.

System des deutschen Strafrechts 1855 p. 183.

Auf Köstlin: Baumeister: Bemerkungen zur Strafgesetzgebung 1847 30 ff.

In neuster Zeit Löffler, Schuldformen p. 1 ff.

[2] Vgl. Oswald Külpe: Die Lehre vom Willen in der neueren Psychologie: Wundt's „Philosophische Studien" V. Bd. Leipzig, bes. p. 179 ff., 381 ff.

[3] Es ist klar, daß die Abgrenzung des Gewollten vom Ungewollten in dieser Weise nicht auf dem Boden der v. Buri'schen Causalitätstheorie erfolgen kann, vielmehr der Binding'sche Ursachenbegriff zu Grunde zu legen ist.

sein und ist als Folge meiner Thätigkeit unbewußt mit gewollt.[1] p. 112 „Wenn wir verursachen wollen, so können wir nicht sagen, wir wollen die Ursachen, aber nicht ihre Folgen, wenn sie unsern Vorstellungen nicht entsprechen. „Wir wollen vielmehr mit den Ursachen unbesehen alle ihre Folgen, weil wir überhaupt nicht anders wollen können, als daß wir die Folgen mit in den Kauf nehmen."

Es möchte vielleicht erwartet werden, daß wir nunmehr, den Binding'schen Willensbegriff acceptierend, den Verletzungserfolg beim Gefährdungsdelict als eine mit dem Wollen der Gefahr in Kauf genommene, unbewußt mit gewollte Folge betrachteten und so eine Verantwortlichkeit begründen wollten.

Allein dem ist nicht also. Abgesehen davon, daß mit der Thatsache des Gewollt-Seins nach Bindings Auffassung noch kein schuldhaftes Wollen eines Erfolges gegeben ist, so ist grundsätzlich festzustellen, daß das Strafrecht nur Thaten des bewußten Willens beurteilt, und daß es einen schuldhaften unbewußten Willen nicht giebt.

Dagegen gewinnt die Binding'sche Willensauffassung, zu der wir uns allerdings bekennen, in anderer Richtung große Bedeutung.

Ihre Errungenschaften für die Lehre vom Vorsatz, einer Erscheinungsform des bewußten Wollens bezeichnen folgende Punkte:

A. Es wird zwischen nicht beabsichtigten und nicht gewollten Folgen unterschieden, während der gewöhnliche Sprachgebrauch sich sträubt, nicht beabsichtigte Folgen unter Umständen dennoch als gewollte zuzugeben.[2] Der Sprachgebrauch verleitet einen großen Teil der

---

[1] Binding hat als Erster, der Hartmann'schen Philosophie folgend, das Wollen eines nicht vorgestellten Erfolges für das Strafrecht namentlich die criminelle Schuldlehre verwertet.

Allein es sind ihm zahlreiche Gegner erstanden, welche jedoch in der Kritik seiner Lehren von dem Vorwurf der Voreingenommenheit und Befangenheit nicht freizusprechen sind.

Gegen das „unbewußte Wollen" haben sich von juristischen Schriftstellern besonders ausgesprochen:

Buri, Beil. z. G. S. XXIX Abhandlung, Vorsatz und Fahrlässigkeit p. 146.
Finger, Strafrecht I p. 131.
Heinemann, Die Binding'sche Schuldlehre p. 13.
Liszt, Lehrbuch 5. Aufl. p. 129. Anm. 2.
Löffler, Schuldformen p. 6.
Janka, Lehrbuch p. 53.

Am schärfsten: Weissenborn, G. S. Bd. L. 1895 p. 212 „derartige Constructionen richten sich von selbst."

[2] Daß deswegen, weil der Binding'sche Willensbegriff nicht mit dem Sprachgebrauch in Einklang steht, seine Unrichtigkeit ohne weiteres nachgewiesen sei, wie Heinemann a. a. O. p. 14 meint, ist ein bedenklicher Irrthum.

neueren Bearbeiter der Schuldlehre, Wille mit Absicht, gewollt mit beabsichtigt, und schließlich den rechtswidrigen Vorsatz mit rechtswidriger Absicht zu identifizieren.[1]

Eine solche Willenstheorie muß naturgemäß in den Fällen, wo von einem Zulassen, Einwilligen, gesprochen wird versagen. Die zu enge Auffassung des Willens als Absicht ist daran Schuld.[2]

B. Der bloße Wunsch vermag den Willen in keiner Weise zu beschränken. Wünschen kann man das Unmögliche, Unrealisierbare. Wünschen kann man, was man niemals wollen kann.[3] Der Wunsch gehört dem Gebiete der Phantasie, der Wille dem Gebiete der Wirklichkeit an.

Wunsch und Wille können in Bezug auf einen und denselben Erfolg in scharfen Gegensatz treten.

C. Der Wille ist nicht nur der auf die Innervation der Muskeln gehende Reiz, derjenige psychische Akt, durch welchen die Anspannung der Muskeln erfolgt, die Erregung der motorischen Nerven. Diese Auffassung,[4] nach welcher immer nur die Körperbewegung gewollt wäre, geht von rein physiologischen Gesichtspunkten aus.

---

[1] So betrachtet Löffler als schwerste Schuldform die Absicht und zwar ist bei ihr allein der Erfolg gewollt. Im Gegensatz dazu steht die sog. „Wissentlichkeit“ wo der Erfolg nicht gewollt ist. (Vgl. Schuldformen p. 5.)

Unter Wollen versteht er p. 6 . . . „jene strebende und zugleich billigende, liebende Beziehung unseres Ich zu einem Erfolge, jenes Phänomen, das wir ganz zuverlässig meinen, wenn wir sagen: „Ich will dich töten“, das habe ich nicht gewollt.“

[2] Stooß bemerkt in der Ztschr. f. schweiz. Strafr. 1. Jahrgang 6. Heft p. 526. „Mit dem Ausdruck Wollen verbindet sich allerdings leicht der Gedanke, die Herbeiführung des Erfolges habe in der Absicht des Thäters gelegen, was die Annahme von Vorsatz in zahlreichen Fällen der Natur der Sache zuwider ausschließen würde. Allein wenn man dem Worte den richtigen Sinn beilegt, so fällt die Gefahr weg“. Welches dieser richtige Sinn sei, wird jedoch nicht gesagt, und es scheint uns nicht zutreffend, wenn es später einmal in der Ztschr. f. d. ges. Strafrw. Bd. XV. 1895 p. 199 heißt: „Gewollt ist das, was man seinem Wunsche gemäß verursacht, und selbst das, was man unerwünschter Weise verursacht, wenn es als nothwendiger Erfolg der Handlung erscheint.“

Vgl. im Text unter B.

[3] Wer in einen Menschenhaufen eine Bombe wirft, kann wünschen, daß der A und der B verschont bleibe, wollen kann er es nicht.

Wer nach einer Gegend schießt, die er nicht übersieht, kann wünschen, daß Niemand sich da befinde, und Niemand getroffen werde, wollen kann er es nicht.

Wer auf Etwas schießt, wo er nicht weiß, ist es ein Mensch oder ein Tier, kann wünschen, daß es kein Mensch sei, wollen kann er es nicht.

Vgl. auch Binding N. II p. 106.

[4] Sie wird insbesondere von Liszt (Lehrbuch 5. Aufl. p. 129. Anm. 2.) vertreten, welcher dabei auf Zitelmann (Irrthum und Rechtsgeschäft I p. 136) zurück-

Vielmehr geht der Wille als Ursache im obigen Sinne stets auf eine Folge, und es läßt sich sehr wohl von einem gewollten Erfolge sprechen.

Von besonderer Wichtigkeit ist die unter A und B verlangte Ausscheidung von Wunsch und Absicht aus dem Begriffe des Willens. Dies bedeutet nichts anderes, als daß der Wille vom Begehren, den Aeußerungen des Begehrungsvermögens unabhängig sei. Wille ist ein selbstständiger psychischer Act. (positive vgl. Frank, Zschft. f. d. ges. Strfw. X p. 195 Willenstheorie).

Gewöhnlich wird vom Willen und Willensvermögen auch noch das Verstandes und Denkvermögen abgetrennt. Diese Trennung nehmen wir nicht vor, da vorhandener Wille für das Strafrecht nur als vernünftiger intelligenter Wille in Betracht fällt und auch zum Vorsatz voluntas rationalis gehört.[1]

Wille ist also nicht identisch mit Begehren, worunter ein deutlich bewußtes Erstreben zu verstehen ist.

Seine Entstehungsursache ist immer ein Trieb nach Veränderung, aus einem Gefühl der Unlust, der Lust, der Rache, der Pflicht dies oder jenes zu thun, hervorgegangen.

Aber ein bestimmtes Begehren, ein bestimmtes Ziel, ein ausschließliches Wollen des einen und anderen Erfolges, kurzum eine Absicht.[2] gehört nicht zu seinem Wesen. Wille ist der weitere Begriff als Absicht.[3]

Es giebt ein zielloses und zweckloses Wollen im Gegensatz zu einem Zielbewußten.

---

geht. Ebenso schon früher Bekker, Theorie I 243 und neuerdings Bünger, Ztschr. f. d. ges. Strafrw. VI 321.

Merkwürdiger Weise wird gerade von Liszt und seinen Anhängern das „Unbewußte Wollen energisch" verworfen, während doch gerade das Wollen der Körperbewegung, die Anspannung der Muskeln in vielen Fällen, unwillkürlich, unbewußt oder unterbewußt erfolgt. (Dazu Kuhlenbeck. Der Schuldbegriff, Leipzig 1892 p. 38.)

Vgl. auch Kuhlenbeck p. 37.

Ortloff, Ztschr. f. d. ges. Strafrw. XIV 1894 p. 182, 183.

[1] Eisenmann, Ztschr. f. d. ges. Strafrw. XIII p. 473.

Schon Klein im Arch. d. Cor. Bd. I St. II 57. 1799, vertritt die Auffassung, daß gewisse psychische Akte auf ein besonderes Willensvermögen im Gegensatze zum Begehrungs, Erkenntnisvermögen etc. zurückführbar seien.

[2] Ortloff, G. S. p. 401 ff. Bd. XXXIV.

Vgl. auch Kuhlenbeck p. 57, 58.

[3] Vgl. Lucas, Subj. Verschuldung. p. 13.

D. Eine weitere Consequenz unserer Willensauffassung ziehen wir dahin, daß es ein eventuelles Wollen nicht giebt, sondern nur ein eventuelles Beabsichtigen. Insofern es nämlich ungewiß ist, ob unser Wille die Ursache von a oder von b werde, kann eventuell, d. h. für den Fall des Eintritts eines Erfolges jeweils dieser meiner Absicht entsprechen.

Unbestimmte Absicht ist Wille ohne Absicht, im Sinne einer gewollten Wirksamkeit.

E. In letzter Linie ist zu sagen, daß zwar die Absicht ihrem Umfange nach vor aller Bethätigung des Willens und vor Abschluß einer äußern Thätigkeit vollständig bestimmt sein kann und erkennbar, der Wille aber in seinem Umfang nur durch die That, welche den Abschluß der Ursächlichkeit des in die Außenwelt eingreifenden Willens darstellt, erschöpfend bezeichnet wird.[1]

III. Der rechtswidrige Vorsatz.

Vorsatz ist eine Erscheinungsform des bewußten Willens.

Da wir nach Binding'scher Willensauffassung Alles als gewollt annehmen, wozu wir Ursache geworden sind, so betrachten wir als bewußt gewollt alles, in Beziehung auf welches wir uns die Ursächlichkeit unseres Willens vorgestellt haben. Bewußter Wille ist nämlich von Vorstellungen begleiteter Wille. Als solcher kommt er für uns nur in Betracht, wenn er in der Außenwelt wirksam thätig geworden ist. Dies allein ist wahrer Wille.

Wir sollen entscheiden, ob das oder jenes Geschehnis ein Gewolltes sei, eine That des menschlichen Willens.

Ist dieser letstere als Ursache und Quelle des Geschehenen zu betrachten, so wird es für die Frage, ob bewußt gewollt sei, darauf ankommen, was in der Vorstellung des Wollenden enthalten war, ob der concrete Erfolg vorgestellt war und sein Eintritt unter dem Gesichtspunkt der Causalität,[2] als Folge der gewollten Wirksamkeit, in Rechnung gezogen wurde. Ist dies der Fall, dann ist auch die concrete Wirkung vom bewußten Willen umfaßt und wenn früher sein Inhalt durch eine gewollte Wirksamkeit in allen möglichen causalen Beziehungen gedacht und vorgestellt, repräsentiert wurde, so ist jetzt sein Inhalt fest bestimmt und der Wille seinem Umfang nach erkennbar.

---

[1] Vgl. Binding, N II p. 400, 401.

[2] Lucas, Subj. Verschuldung. p. 13: „Gewollt ist jeder Erfolg, den sich der Thäter als solchen (d. h. unter dem Gesichtspunkt der Causalität) vorstellte.“

Vorsatz im weitesten Sinne nun ist nichts Anderes als „gewollte Wirksamkeit.“ Er deckt sich mit „bewußtem Wollen“ und ist in ethischer und rechtlicher Beziehung völlig farblos.

Da er immer auf äußere Bethätigung sich richtet, können wir ihn als „Handlungswillen“ bezeichnen, und wie dem bewußt Wollenden, so sind dem vorsätzlich Handelnden alle von ihm verursachten Folgen als vorsätzlich gewollt zuzurechnen, die er sich mit seiner Handlung in causaler Verbindung stehend vorgestellt hat.

Der rechtswidrige Vorsatz nun ist dadurch ausgezeichnet, daß er auf eine Normwidrigkeit gerichtet ist, bewußtes Wollen einer solchen bedeutet. Der strafrechtliche Vorsatz, der uns hier interessiert, geht immer auf eine strafrechtswidrige Handlung, ein Verbrechen im weitesten Sinne.

Dies muß sowohl in subjectivem als objectivem Sinne verstanden werden. Der obcjectiv rechtswidrige Inhalt des Willens allein, ohne daß diese Qualität dem Wollenden bekannt ist, vermag nicht einen verbrecherischen Vorsatz zu erzeugen, da er das allgemeine Kriterium des schuldhaften Willens überhaupt bedeutet.

Als Schuldform oder Schuldart muß der Vorsatz gewisse formgebende Momente besitzen. Diese liegen nicht in der Vorstellung der verbrecherischen That und auch nicht darin, daß ihr Eintritt bald als sicher, bald nur als wahrscheinlich oder möglich vorgestellt ist. Wäre der verbrecherische Vorsatz nichts weiter, als das bewußte Wollen einer Rechtswidrigkeit, wo diese also vorgestellt ist, so würde er sich subjectiv durchaus nicht vom Vorsatz im allgemeinen oben beschriebenen Sinne unterscheiden.

Das ihn charakterisierende Moment liegt denn auch auf der Bewußtseinsseite[1]. Vorsatz ist bewußt rechtswidriger Wille. Der mit rechtswidrigem Vorsatz Handelnde ist sich bewußt, daß er etwas Verbotenes, vom Recht Perhorresciertes will.[2] Kenntnis der speciellen Norm ist nicht erforderlich.

Dieses Bewußtsein der Rechtswidrigkeit setzt voraus, daß der Thäter über die Beschaffenheit seines Willens reflectiert habe, und damit gelangen wir auf einen Punkt, der bisher zwar unerörtert blieb, der uns aber früher veranlaßte, den Vorsatz als eine Erscheinungsform des bewußten Willens zu bezeichnen. Vorsatz ist nämlich reflectierter

[1] Vgl. Binding, Normen II p. 103.

[2] Ich kann mich nicht der Ansicht Weißenborns anschließen, welcher das Erfordernis des Bewußtseins der Rechtswidrigkeit als „alter Zopf“ bezeichnet. G. S. L 1895 (der unbestimmte, eventuelle dolus p. 195—223) p. 197. Richtig II U. R. 24/VI 1887 E. XVI p. 150 ff.

Wille oder wie Eisenmann.[1] sich ausdrückt „vom Verstande überwachter Wille.“ Die Bezeichnung Vorsatz rührt daher, daß der Mensch die von ihm vorzunehmende Einwirkung auf die Sinnenwelt vor sich hin setzt und sie betrachtet.[2]

Die Vorstellung einer solchen wird begleitet von Urteilen über die Zweckmäßigkeit, das Vorteilhafte und Nachteilige, die Gefährlichkeit, von Empfindungen, Gefühlen und Wünschen. Insbesondere werden die causalen Beziehungen der gewollten Wirksamkeit in Rechnung gezogen, die sichern gewissen, wahrscheinlichen und möglichen Folgen erwogen.[3]

Ist der Handelnde im Begriffe eine Rechtswidrigkeit zu wollen, so steht sein Wille in einem gewissen Verhältnis zu dem gegen Verletzung oder Gefährdung geschützten Rechtsgut und es erheischt die in jeder Norm liegende Pflicht zur Aufmerksamkeit, daß der Thäter sich die rechtswidrige Causalität seines Willens klar mache.[4]

Und nun ist zum rechtswidrigen Vorsatz zu fordern, daß diese Pflicht erkannt und ihre Erfüllung zur Erkenntnis der Rechtswidrigkeit des Gewollten geführt habe.

Diese Erkenntnis sollte die Ausführung der That hindern.

In allen Fällen wird sie sich denn auch als vom Verbrechen abhaltendes Motiv geltend machen, nur dann nicht, wenn ein Mensch der Fähigkeit, seiner Rechtspflichten sich bewußt zu werden, ermangelt, ihm somit die Zurechnungsfähigkeit fehlt.[5]

Allein es gehört zum Wesen des verbrecherischen Vorsatzes, daß dennoch gehandelt worden ist, wider die erkannte Pflicht der Unterlassung. Es ist interessant, das Zustandekommen dieses Vorsatzes zu verfolgen.[6] Offenbar muß ein Willens- und Thatenschluss der That vorangehen, und zwar ist dieser das Product eines Kampfes zwischen den Vorstellungen des Verstandes und der Vernunft, über die Vorteile und Nachteile,[7] die Mittel, ihre Zweckmäßigkeit, und den Vorstellungen des Begehrens und Wünschens, welche sämmtliche Vorstellungen im Hinblick auf die vorzunehmende Thätigkeit zum

[1] Ztschr. f. ges. Strafrw. XIII p. 473.
[2] Vgl. Temme, Lehrbuch d. schweiz. Strafr. p. 138.
[3] Vgl. Binding, Normen II p. 409.
[4] Vgl. Binding, N II p. 97.
[5] Vgl. Wach in der Beilage zu seinen Vorlesungen über Strafrecht p. 36.
[6] Vgl. darüber Ortloff, Ztschr. f. d. ges. Strafrw. XIV 1894 p. 163, 164, 169. Ebenso Ortloff, G. S. XXXIV p. 407.
[7] Vgl. Buri, Abhandlungen III p. 146.

Teil als abhaltende, zum Teil als hinstrebende Motive wirksam werden.[1]

Unrichtig wäre es jedoch, den Vorsatz schon in diesem Entschluß zur Handlung zu sehen.[2] Nur sofern dieser in That umgesetzt wird kann von Vorsatz gesprochen werden. „Vorsatz ist der verbrecherische Wille, welcher das in der Vorstellung des zu erwartenden Eintritts des rechtsverletzenden Erfolges liegende Gegenmotiv handelnd überwindet“ so definiert Bünger (Ztschr. f. d. ges. Strfrw. VI p. 335).

Daß der vorsätzlich Handelnde sich der Ursächlichkeit seines Willens für einen rechtswidrigen Erfolg in dem Grade bewußt ist, daß ihm darum seine Handlung als eine ihrem Wesen nach unerlaubte erscheint, möchte ich besonders betonen.

So gelangen wir schließlich zu folgender Auffassung des Vorsatzes:[3] „Vorsatz ist der in That umgesetzte Willensentschluß, eine Handlung mit ihrem Wesenverständnis auszuführen d. h. mit dem Verständnis ihrer Rechtswidrigkeit und ihrer causalen Beziehungen. Gewöhnlich wird das Letztere das Erstere bedingen und selten eine Handlung nur, weil sie einmal schlechthin verboten ist, als eine subjectiv rechtswidrige mir zum Bewußtsein kommen.

Nachdem wir so im allgemeinen den bewußt rechtswidrigen Willen beschrieben haben, wollen wir jetzt die Frage beantworten, wann ein Erfolg rechtswidrig gewollt sei.

Jedenfalls ist, so sagen wir, erforderlich, daß der eingetretene Erfolg unter dem Gesichtspunkt der Ursächlichkeit vorgestellt wurde und zwar als eine rechtswidrige Folge unserer Handlung.

Einen Erfolg aus dem Gesichtspunkt der Ursächlichkeit vorstellen heißt aber nichts anderes, als ihn als mögliche (wahrscheinliche) oder als gewisse Folge einer Thätigkeit betrachten.

Es liegt nahe, nach dem Grade der Erwartung eines rechtswidrigen Ereignisses Intensitätsstufen des bewußtrechtswidrigen Wollens, anzunehmen.

Allein thäten wir das, so würden wir in den Fehler der Vorstellungstheorie verfallen, welche vergisst, daß die Schuld beim strafrechtlichen Vorsatz nicht im Vorstellen eines Erfolges, sondern in der

---

[1] Wie die äußere Causalität durch die Wechselwirkung der Kräfte der Außenwelt, so kommt der Wille als Ursache durch die Gegenwirkung der seelischen Kräfte zu Stande.

[2] Ortloff, Ztschr. f. d. ges. Strafrw. XIV p. 192 oben.
Binding, N II p. 400 ff.

[3] Sie stimmt in der Hauptsache überein mit der von Ortloff vertretenen in Ztschr. f. d ges. Strafrw. XIV p. 164.

bewussten Auflehnung gegen die Anforderungen des Strafrechts besteht. Diese letztere kann da ebenso stark, ja sogar stärker und trotziger sein, wo der rechtswidrige Erfolg nur ein möglicher ist, wenn nämlich dieser mögliche Erfolg heftig gewünscht und begehrt wird, und ich mir seiner Rechtswidrigkeit deutlich bewußt bin.

Ferner ist nicht zu vergessen, daß zum bewußten Wollen, Wissen vom Wollen, zum bewußtrechtswidrigen Wollen, Wissen von der Rechtswidrigkeit des Willens gehört.

Rechtswidriger Vorsatz ist nur dann vorhanden, wenn mir mein Vorsatz [1] als ein rechtswidriger zum Bewußtsein kommt.

Dies ist nun, so behaupten wir, nicht schon dann der Fall, wenn ich mir der bloßen Möglichkeit eines oder mehrerer rechtswidriger Erfolge bewußt bin. Es kann ja sein, daß dem streng rechtlichen, oder dem ängstlich gewissenhaften Menschen schon um der bloßen Möglichkeit willen seine Handlungsweise als eine unerlaubte erscheint und er sie deshalb unterläßt. Kaum aber dürfte uns ein Nachweis je gelingen und es wäre unrichtig, ein Bewußtsein der Rechtswidrigkeit etwa präsumieren zu wollen.[2]

Dagegen ist die Sache dann anders, wenn ich mir der großen, leichten Möglichkeit einer Rechtsverletzung bewußt bin. Erst damit ist eigentlich der Erfolg unter den Gesichtspunkt der concreten Causalität gerückt.

Birgt eine Handlung die Gefahr einer Rechtsgutverletzung in sich, welche wir oben als große Möglichkeit gekennzeichnet haben, und ist sich der Handelnde dieser Qualität seiner Handlung bewußt, so dürfen wir in der weitaus größten Anzahl der Fälle annehmen, daß der in der Handlung thätige Wille dem Handelnden als rechtswidriger, sein Vorsatz als rechtswidriger Vorsatz ihm zum Bewußtsein komme.

Dieser Erwägung Raum gebend, möchten wir denjenigen Erfolg als bewußt rechtswidrig gewollt bezeichnen, bei dem der Handelnde sich seines leicht möglichen Eintritts als eines rechtswidrigen bewußt war.

Ist dieser Erfolg Lebensvernichtung oder eine andere Rechtsgutverletzung und ist auf die Gefahr einer solchen gehandelt worden, im oben beschriebenen Sinne, so wäre demnach Vorsätzlichkeit vorhanden.

---

[1] Gewollte Wirksamkeit, Handlungswille.

[2] Vgl. schon Stübel, Thatbestand der Verbrechen (1805) p. 905. „Der bloß mögliche Erfolg einer Rechtsverletzung kann unsere Handlungsweise nicht beschränken. Will man diesen Satz nicht anerkennen, so verdammt man den Menschen zur Unthätigkeit.“

Wie steht es denn nun mit dem Verletzungserfolg beim Gefährdungsdelict, der vorsätzlichen Gefährdung, Lebensgefährdung, Leibesgefährdung u. a.

Ist der Inhalt des rechtswidrigen Vorsatzes bei der Gefährdung etwa derart, daß auch Vorsätzlichkeit in Bezug auf eine allfällig eintretende Verletzung vorliegt.

Die Beantwortung dieser Fragen dürfte nunmehr keine großen Schwierigkeiten darbieten.

§ 5. Der Vorsatz beim Gefährdungsdelict.

I. Der Inhalt und Umfang der vorsätzlichen Gefährdung.

Ein Delict ist nur dann vorsätzlich begangen, wenn der bewußt auf die widerrechtliche Handlung gerichtete Wille des Thäters begleitet war von der Vorstellung ihrer sämmtlichen Delictsmerkmale.[1]

Da nach unserer früheren Ausführung das charakteristische Merkmal des Gefährdungsdelictes die Gefahr bildet, d. h. die criminelle, die echte Gefährdungshandlung sich als objectiv, concret gefährliche darstellt, so gehört zur vorsätzlichen Gefährdung consequenterweise, daß die Vorstellung dieser concreten Gefahr im Bewußtsein des Thäters enthalten sei.

Dies ergiebt sich auch schon daraus, daß nach allgemeinen strafrechtlichen Grundsätzen die ganze objective Seite[2] eines Delicts von der Subjectiven, dem schuldhaften Willen des Thäters gedeckt sein muss, beim vorsätzlichen Delict also vorsätzlich beim Farläßigen fahrläßig gewollt ist.

Aus diesen Gründen kann es nicht genügen, daß der vorsätzlich Gefährdende sich des generell gefährlichen Charakters seiner Handlung bewußt sei, was Binding (N. II. p. 456) anzunehmen scheint.[3] Es ist

---

[1] Vgl. Binding, Normen II p. 427, 434.
Ortmann, G. S. Bd. XXX p. 344 ff.
Buri, Abhandlungen III p. 155.
Liszt, Lehrbuch 5. Aufl. 1892 p. 174.
Finger, Strafrecht I p. 133: „Ein Delict ist vorsätzlich begangen, wenn der Thäter bei Vornahme desselben sämmtliche dasselbe charakterisierende Merkmale gewußt und gewollt hat."

[2] Erst das Vorhandensein dieser fordert staatliche Reaction. Vom Geschehenen geht man aus. Allein Strafe kann nur eintreten, wenn es auch das Gewollte ist. Vgl. Hälschner, System III § 32.

[3] Diese Ansicht scheint zu teilen v. Buri, Abhandlungen III p. 163. Daß die Theorien der generellen und abstracten Gefahr hierzu gelangen, ist klar. Vgl. Binding N I 381. Anm. 26.

übrigens psychologisch nicht denkbar, daß jemand bei Vornahme einer Handlung sich einzig und allein ihren regelmäßigen, generellen Charakter zum Bewußtsein bringe, ohne daß er auch über die concrete Erscheinungsform sich Rechenschaft gebe.

Entweder wird er sich sagen, daß seiner Handlung ihre regelmäßige Erscheinungsform als gefährliche auch im concreten Falle eigen sei, Gefahr in concreto entstehen werde, oder dann scheinen dem Handelnden Gründe vorzuliegen, welche in concreto den Eintritt einer Gefahr hindern, den Hinzutritt der zu Verletzung noch fehlenden Bedingungen als unwahrscheinlich und nicht leicht möglich erscheinen lassen.

In diesem letzteren Falle[1] und besonders dann, wenn der Thäter angesichts der concreten Umstände von der völligen Ungefährlichkeit überzeugt war, kann von einem Gefährdungsvorsatz nicht die Rede sein.

Denken wir an folgende Fälle: A giebt dem B eine schwache Dosis Arsenik, welche er in concreto nicht für lebensgefährlich hält, da er weiß, daß B an geringe Dosen Arsenik gewöhnt ist. Dennoch wird B an den Rand des Todes gebracht. Oder: A schießt nach einer Gegend, wo sich zwar Menschen befinden, ist aber der Meinung, daß die Entfernung eine derartig große sei, daß ein Treffen derselben nicht leicht möglich oder sogar ausgeschlossen erscheine.

In beiden Fällen kann es sich bei Eintritt einer concreten Gefahr höchstens um fahrlässige Gefährdung handeln.[2]

Zum Vorsatz der Gefährdung gehört die Vorstellung von der concreten Gefährlichkeit der Handlung, das Wollen eines thatsächlich gefährlichen Zustandes, der es dem mit der Durchschnittserfah-

---

[1] Binding, N II 456, nimmt auch in diesem Falle Gefährdungsvorsatz an. Vgl. auch über den Binding'schen Gefährdungsvorsatz, Baumgarten, Versuch p. 427.

[2] Die Brandstiftung im § 109 des Criminalstrafgb. f. d. Kanton Luzern (in Kraft s. 28. Jan. 1861) ist echtes Gefährdungsdelict: „Wer fremdes oder sein Eigentum, mit Gefahr für Personen oder das Eigentum Anderer vorsätzlich in Brand setzt . . .“ Zum Vorsatz muß also Bewußtsein der concreten Gefährlichkeit gehören.

Dies bestätigt: Urteil des luz. Obergerichts vom 24. Dez. 1889 in Ztschr. f. schweiz. Strafr. III Jahrgang 1890 Heft 1 p. 88, wo die Ansicht vertreten wird, daß wenn die Gründe für die Nichtexistenz einer wirklichen Gefährlichkeit auch nur in der Einbildung des Thäters vorhanden seien, von einer dolosen Brandstiftung keine Rede sein könne.

Vgl. auch anläßlich der Vergiftung § 229 des R. St. G. B. Urteil d. Rg. vom 14. Jan. 1884 Rsp. 2934/83. E. Bd. X p. 178 bes. p. 180.

rung[1] ausgerüsteten Thäter zum mindesten zweifelhaft macht, ob nicht statt der bloßen Gefährdung eine Verletzung erfolge.

Dieses Bewußtsein der concreten Gefahr ist nicht notwendig begleitet von der Furcht, es werde die Verletzung eintreten. Auch bedeutet das Urteil, es bestehe concrete Gefahr keineswegs etwa, es werde die Gefahr in die Verletzung umschlagen,[2] sondern es könne leicht geschehen, ich zweifle ob es geschieht.

Der Gefährdende stellt sich also die Verletzung als in einer bestimmten causalen Beziehung mit seiner Thätigkeit stehend vor,[3] und was wir zum Vorsatz verlangen, Wissen um die leichte Möglichkeit, die Gefahr der Verletzung ist gerade das, was oben als zur Vorsätzlichkeit in bezug auf einen derartigen Erfolg genügend bezeichnet worden ist.

Bewußtes Wollen der Verletzungsgefahr ist bewußtes Wollen der eventuell eintretenden Verletzung.

Es gibt keinen bloßen Gefährdungswillen.

Der Vorsatz bei der verbotenen Gefährdung muß naturgemäß die Requisite des verbrecherischen Vorsatzes in vollem Maße besitzen, denn in keinem Gesetzbuch finden wir auch nur die geringste Andeutung, daß von dem einen oder andern Merkmal abstrahiert werden dürfe.[4]

Demnach darf auch ihm das Bewußtsein der Widerrechtlichkeit des Gewollten nicht fehlen.

Nicht nur die Vorstellung der Gefahr, sondern auch das Bewußtsein von der Widerrechtlichkeit des Gefahrerfolges gehört zum Gefährdungsvorsatz. Dieses wiederum läßt dem Thäter die Handlung als eine unerlaubte erscheinen und trotzdem wird gehandelt. Der Grund, weshalb ihm die Herbeiführung der Gefahr als wiederrechtlich erscheint, ist aber kein anderer, als die Vorstellung des mit leichter Möglich-

[1] Diese offenbart ihm den gewöhnlichen Lauf der Dinge: le cours ordinaire des choses Wallis § 223.

Stooß: Syst. Zustllg. p. 669.

[2] Vgl. dagegen Binding, N. II 456.

[3] Urteil d. Strafger. d. Stadt Basel vom 13. Sept. 1890 in Ztschr. f. schweiz. Strafr. III. Jahrgang 6. Heft. p. 583.

[4] Aus diesem Grunde ist es mir unerklärlich, wie Lilienthal in seiner Betrachtung über den Vorsatz bei der Lebensgefährdung des Art. 58 des Stooß'schen Entwurfes (Ztschfr. f. d. ges. Strafrw. Bd. XV 1895 p. 318) sagen kann, es werde hier eine luxuria bestraft, auch wenn ein Erfolg nicht eintrat. Entweder muß er dann, die luxuria zum Vorsatz rechnen, oder dann will er damit rein nur eine gewisse Stimmung, Temperatur der Seele, aus der heraus vorsätzlich gehandelt werde, etwa Mutwillen oder Frevelhaftigkeit bezeichnen.

keit oder Wahrscheinlichkeit zu erwartenden rechtswidrigen Verletzungserfolges. Dieser ist das Gegenmotiv für den Thäter, welches von ihm handelnd überwunden wird.

Dieses Handeln aber bewirkt, daß die eintretende Verletzung nicht nur bewußt, sondern bewußt rechtswidrig gewollt, zum rechtswidrigen Vorsatz zurechenbar ist.

Auf dem Wege einer consequenten Willenstheorie sind wir somit zu dem Resultate gelangt, daß der Verletzungserfolg beim vorsätzlichen sog. echten Gefährdungsdelict zum Gefährdungs-Vorsatz zuzurechnen sei.

Auf bedeutend einfacherem Wege muß unseres Erachtens die Vorstellungstheorie zu diesem Resultate gelangen, trotz ihrer ganz verschiedenen Auffassung des Willens einerseits, des verbrecherischen Vorsatzes andrerseits.[1]

Sie behauptet nämlich für's erste, daß Handeln bei Voraussehen der Möglichkeit des Erfolges, Handeln mit Billigung desselben sei, und zweitens erklärt sie das Bewußtsein der Rechtswidrigkeit nicht für erheblich und sogar ganz überflüssig.[2]

Frank, der Hauptvertreter der Vorstellungstheorie, dessen Formulierung des Vorsatzbegriffes typisch ist, definiert diesen folgendermaßen: „Vorsatz (dolus) ist die Voraussicht (das Bewußtsein) des Erfolges meiner Handlung, verbunden mit der Kenntnis derjenigen Umstände, welche die Handlung zu einer strafbaren machen.

„Die Voraussicht kommt zum Ausdruck.

I. in dem Urteil: Der Erfolg wird eintreten (Voraussicht des Erfolges als eines gewissen).

II. in dem Urteil: Der Erfolg muß eintreten (Voraussicht als eines notwendigen).

III. in dem Urteil: der Erfolg kann eintreten (Voraussicht als eines möglichen)."

Es liegt auf der Hand, daß dieser letztere Fall bei demjenigen, der vorsätzlich gefährdet immer vorhanden ist, in bezug auf die Verletzung nämlich. In bezug auf den Gefahrerfolg, kann man von einer

---

[1] Ich kann mich nicht der Auffassung Lilienthals anschließen, daß es müssig sei zwischen Willens und Vorstellungstheorie zu unterscheiden. (Ztschr. f. d. ges. Strafrw. Bd. XV p. 278.) Seine Definition des Vorsatzes vermag augenscheinlich diesen Gegensatz nicht zu überwinden p. 281: „Vorsätzlich handelt, wer unter Voraussicht des eingetretenen Erfolges eine Handlung begeht, die das Gesetz als ein Verbrechen bezeichnet."

[2] Vgl. Frank, „Vorstellung und Wille in der modernen Doluslehre." Ztschr. f. d. ges. Strafrw. X 7. p. 169—228.

möglichen Voraussicht der Gefahr nicht sprechen. Von einer Voraussicht und einem Bewußtsein der Möglichkeit der Möglichkeit der Verletzung zu sprechen, ist ein logisches Unding. Insofern wird es uns klar, daß der Vorsatz bei der Gefährdung elementarer Natur ist. Handeln auf die Gefahr einer Lebensgefährdung ist gleichbedeutend mit Handeln auf die Gefahr einer Lebensverletzung.

II. Der Gefährdungswille.

Wir gehen im folgenden daran, die Willensseite der Gefährdung noch etwas schärfer ins Auge zu fassen, damit uns das Wesen des Gefährdungsvorsatzes in immer helleren und deutlicheren Umrissen entgegentrete.

Gefährdungsvorsatz ist nunmehr der in That umgesetzte Willensentschluß zu einer Handlung trotz des Bewusstseins, daß ihre Vollführung concrete verbotene Gefährdung bedeutet, begleitet also von der Vorstellung des leicht möglichen rechtswidrigen Verletzungs-Erfolges.[1] Tritt dieser ein, so kann man füglich von einer „Billigung“ desselben sprechen. Diese Billigung ist keine nachträgliche, sondern sie liegt schon im Gefährdungswillen. Sie soll auch keineswegs bedeuten, daß der Erfolg etwa den Wünschen des Thäters entspreche. Das Gegenteil ist der Fall und muß der Fall sein.[2]

Der Sprachgebrauch vermeidet es unrichtigerweise in obigen Fällen der Gefährdung mit Verletzungserfolg von einem gewollten Erfolge zu sprechen, trotzdem dies allein der Sache entsprechend wäre.

Binding deutet denn auch mit Recht den Sprachgebrauch, der von „Billigung“ spricht, dahin: die angebliche Billigung sei identisch mit dem Urteile, daß dem Handelnden die Vorstellung der Ursächlichkeit seines Handelns nicht gefehlt habe. Der Thäter war im Zweifel über die Ursächlichkeit oder Nicht-Ursächlichkeit seiner That für den eingetretenen Erfolg und nahm sie dennoch vor. Dies will aber nach

---

1 Wenn Weißenborn G. S. L p. 222 glaubt, man dürfe zum Gefährdungsvorsatz nicht das Bewußtsein der Wahrscheinlichkeit, nahen Möglichkeit des Erfolgseintrittes fordern, weil sonst die Bestimmung der Grenze des Vorsatzes dem Handelnden überlassen bleibe, so verkennt er das Wesen der Subjectivität, welches gerade in den Vorstellungen überhaupt den inneren, psychischen Thatsachen zum Ausdruck kommt. Vgl. auch Lucas, Subj. Versch. p. 14.

2 Der bloß Gefährdende wünscht alles andere, nur nicht die Verletzung, allein seine Wünsche sind machtlos zur Beschränkung des Umfanges des Gewollten. Vgl. Hälschner, Gem. Strafr. I p. 293.

Bindings eigenen Ausführungen besagen, daß in bezug auf den endlichen Erfolg bewußtes Wollen vorliege.[1]

Wo finden wir nun unseren Gefährdungsvorsatz? Ist es eine rein theoretisch ausgedüftelte Construction?

Wir behaupten, daß der Gefährdungsvorsatz nur eine strafrechtlich relevante Form des Gefährdungswillens ist, welch' letzterer im Leben in den mannigfachsten Variationen und Modificationen vorkommt, demnach eine durchaus praktische Bedeutung beansprucht.

Man kann das Handeln des Gefährdenden vergleichen mit einer gewagten, leichtfertigen Speculation. Es ist eine Blankospeculation, welche keine feste Basis hat, keine Deckung, keine Garantie bietet, und für welche man selbst nicht die Garantie übernehmen will. Allein: wer speculiert, muß jedes Resultat auf Rechnung seines Willens setzen, trotzdem er immer nur ein Günstiges beabsichtigt. Tu l'as voulu, George Dandin!

Gerade in unserer heutigen Zeit ist allerdings das Gefühl solcher Verantwortlichkeit zum Teil durch die verwickelten Lebensverhältnisse abgestumpft worden. Man risquirt mehr als früher, handelt auf gut Glück, jeden unangenehmen Erfolg von sich ausschließend.

Ich will nicht daran Schuld sein heißt es immer.

Der junge Mann, der sich in den Strudel der Welt stürzt, risquiert seine Gesundheit und seine Seelenruhe, sein Glück. Wird er krank (Syphilis etc.) so sagt er: gewiß wollte ich es nicht. Und doch war er sich bewußt, daß eben die Gefahr mit seinem Thun verbunden sei; allein er ließ diese nicht als abhaltendes Motiv wirken. Er vermochte den Kampf des sittlichen Menschen nicht zu kämpfen, wie der Verbrecher im Kampfe des rechtlichen Menschen unterliegt.

Eltern, welche, wie es bei der Verwahrlosung[2] der Fall ist, ihre Kinder zu einer, die Sittlichkeit gefährdenden Beschäftigung oder Lebensweise an Andere überlassen, haben, wenn diese im Schmutz ver-

---

[1] Binding, N. II 408. Anm. 630. Es scheint mir eine gegebene Consequenz der Binding'schen Willensauffassung seiner Construction des Vorsatzbegriffes, wenn wie oben geschehen ist, der Inhalt des Gefährdungsvorsatzes derart bestimmt wird, daß auch der Verletzungserfolg in ihm enthalten ist.

Dieses Resultat wird auch von Binding, wie es uns scheint, anerkannt, in Normen II 456, 406, 409, 426, 97, 434. Zum Vorsatz muß den Verletzungserfolg unseres Erachtens auch zurechnen: Bruck, welcher p. 18 (zur Lehre von der Fahrlässigkeit) bemerkt:

„Für die Bestimmung des Vorsatzes ist entscheidend, daß der eingetretene Erfolg unter dem Vorgestellten sich befunden hat."

[2] Vgl. z. B. die Bestimmung des § 175 des Strafgb. für den Kanton Schaffhausen.

kommen, nicht nur fahrlässig, sondern vorsätzlich deren sittliche Existenz vernichtet, sie sind bewußt Schuld daran, sie haben die Gefahr gekannt, und dennoch ihre Kinder den beständigen Versuchungen nicht entrissen.

So ist gerade im Falle der Verwahrlosung, welche heute überaus häufig vorkommt und in allen Staaten strenge criminelle Bestrafung erfahren sollte, der Vorsatz, Gefährdungsvorsatz.

Der Bergführer, welcher den Touristen verläßt, und sich nicht mehr um ihn kümmert, ihn gewissermaßen aussetzt, er hat den Gefährdungsvorsatz.

Stoße ich jemanden, der nicht schwimmen kann ins tiefe Wasser und lasse ihn zappeln, so handle ich mit Gefährdungswillen, wenn nicht alles zur sofortigen Rettung bereit ist.

Der Knabe, der seinen Kameraden mit Steinen bewirft, auch er dokumentiert schon den gefährlichen Willen.

Psychologisch ist es leicht begreiflich, daß in allen diesen Fällen der schlimme Erfolg abgelehnt wird, weil er ein unerwünschter ist.

Wie ganz anders aber ist es, wenn die Gefährdung glücklich abläuft, ein gütiges Geschick, ein glücklicher Zufall das Unglück abwendet, oder gar die gewagte Speculation vollauf gelingt. Wie schnell ist jeder bereit dies auf Rechnung seines Wollens und Strebens zu setzen.

So wollte ich es, darum hab' ich ja all' dies gethan, das ist kein Zufall, daß es mir gelingt!

Das Verdienst will jeder haben, Schuldsein will er nicht gelten lassen.

Und doch, ist es nicht frivol dem bloßen Glück, dem blinden Zufall den Ausgang meines Handelns zu überlassen?

Gewiß ist es so, und darum muß ich mir auch den unerwünschten Erfolg selber zuschreiben.[1]

Es möchte vielleicht den Anschein gewinnen, als wollte ich diese ganze Gefährdungsschuld allmählig mehr ins ethische Gebiet hinüberspielen.

Dem ist aber nicht so.

Die Haftung des Gefährdungswillens für die Verletzung bei der verbotenen Gefährdung construiert sich folgendermaßen:

Ich will eine Handlung und vollführe sie, trotzdem ich weiß, daß sie um ihrer concreten Gefährlichkeit willen, sollte sie eine solche im

---

[1] Das „pactum, ne dolus futurus praestetur," das ich vielleicht mit meinem Gewissen abschließe, ist auch hier nichtig.

Gefolge haben, verboten ist. Daß das letztere die Folge sein werde, bin ich mir bewußt.

Der Gefährdende sendet die Gefahr gegen ein Rechtsgut, und läßt zu, daß sie sich daran versuche. Er schafft eine solche Summe von Bedingungen seiner Verletzung oder verstärkt die Vorhandenen derart, daß er selbst begründeten Zweifel hegt, ob er nicht vielleicht schon denselben die entscheidende Richtung auf den Erfolg gegeben, die wirksamste Bedingung geschaffen habe,[1] oder doch schon eine Kraft anwende, von der zu befürchten sei, sie werde sich mit regelmäßig oder leicht hinzutretenden Kräften zur Ursache verbinden. Was dann das Causalitätsgesetz mit sich bringt, daß muß er verantworten, weil er von ihm nicht abstrahieren darf.[2]

Allein schon die Vorstellung der Gefahr sollte ihn bewegen von der Handlung abzustehen, wenn er sie auch noch so gern unternähme. „Der Mensch soll, wenn besonnene Erwägung ihm die Gefährlichkeit der Handlung, welche er unternehmen will zeigt, soviel Willenskraft haben, sich selbst diese Handlung zu verbieten".[3] Die indeterministische Auffassung gesteht denn auch dem Willen die Kraft zu, die ihn sollicitierenden Triebe zu bändigen.

In dem Handeln trotz Voraussicht der gefährlichen Möglichkeit der Verletzung, liegt die Schuld des vorsätzlich Gefährdenden und Weißenborn trifft das richtige, wenn er sagt:[4] „Die Unsicherheit des Eintritts des möglichen Erfolges verführt gerade zum Handeln. Der Verbrecher wagt häufig wie beim Spiel gleichsam einen Einsatz in die Hoffnung, der rechtsverletzende Erfolg möge durch einen glücklichen Zufall ausbleiben, und nur der erlaubte, oder nur ein bestimmtes Maß der Rechtswidrigkeit eintreten."

Gefährdungsvorsatz ist verbrecherischer Wagemut.

Der Verbrecher handelt entgegen der Einsicht, die ihm Wissen[5] und Gewissen geben.

---

1 Binding N. II. 438. „Der Thäter weiß nicht, welche Masche im Netz der Bedingungen seine eigene That ausmachen wird."

2 Eisenmann, Ztschft. f. d. ges. Strafrw. XIII p. 463.

3 Geyer in „Holtzendorff's Encyklp." 5. Aufl. p. 929.

Vgl. auch Ortloff, Ztschft. (Liszt) XIV p. 186.

4 G. S. Bd. L 1895 p. 211.

5 Die Wissenschaft ist hier auf einen springenden Punkt gestellt, die Gefahr, so daß ihr Vorhandensein die bona fides unmöglich macht. Daß das Schwergewicht des Vorsatzes im Wissen liege betont:

Wächter, G. S. XVI 1864. „Zur näheren Bestimmung des Dolus-Begriffes" p. 56 ff. insb. p. 62.

Es scheint uns darum die Ausdrucksweise des Art. 59 des Commissionalentwurfes für ein schweizerisches Strafgesetzbuch, sehr glücklich gewählt, wenn „vorsätzlich" umschrieben wird mit: „Wer wissentlich und gewissenlos . . . . . .", sofern darunter nur nicht etwa die „Wissentlichkeit" Löfflers verstanden ist (Schuldf. 6, 7) sondern eben auch Vorsatz im Sinne von Wissen und Wollen.

Vorsätzliche Gefährdung ist dann nicht anzunehmen, wenn der Thäter alles thut, um seiner Handlung die Gefährlichkeit zu benehmen, wenn er seine Absicht, die Gefahr nicht zur Verletzung werden zu lassen, durch äußere Willensakte, welche sich als Setzen von die Verletzung hindernden Bedingungen darstellen, manifestiert.

Die Erkenntnis, durch schuldhafte Handlung die mögliche Ursache einer Rechtsgutverletzung herbeigeführt zu haben, begründet sogar die Pflicht,[1] mit allen Mitteln die weitere Entwicklung der angefangenen Causalreihe zu hemmen.

Dieser Pflicht muß der mit der Vorstellung der Gefahr Handelnde genügen, soll seine Thätigkeit nicht als vorsätzliche Gefährdung erscheinen, und zwar natürlich so lange es noch Zeit ist.

Löning[2] anerkennt selbst dann eine sogenannte „Reparationsverbindlichkeit", wenn durch eigene objectiv rechtswidrige, wenn auch schuldlose Thätigkeit eine Gefahr heraufbeschworen wurde, d. h. er nimmt an, daß selbst in diesem Fall eine Verpflichtung zur Abwehr bestehe. Wenn die Rechtsordnung eine solche Pflicht nicht anerkenne, so könne das Leben nicht bestehen.

III. Gefährdungsvorsatz und Verletzungsvorsatz und ihr Verhältnis zur Fahrlässigkeit.

Worin besteht denn nun das Wesen des oben beschriebenen Gefährdungsvorsatzes?

Ist er ein Mittelding zwischen dolus und culpa, eine neue Schuldform.

Nach den bisherigen Ausführungen kann die Antwort nicht mehr zweifelhaft sein.

Wenn irgend eine Rechtsgutverletzung an Leben, Leib, Eigentum, Vermögen auf menschliche Handlung zurückführbar erscheint und der Willensanteil, die Art des schuldhaften Willens des Handelnden ge-

[1] Binding, Normen I 1. Aufl. p. 36, 44.

[2] Grundriß p. 18, 20.

Vgl. auch Rotering G. S. Bd. XXXIV 1883 p. 206—220 XII. „Ueber die Verbindlichkeit des Handelnden zur Abwendung eines strafrechtlichen Erfolges aus einer selbst schuldlos erzeugten Gefahr."

prüft werden soll, so muß u. E. diese Prüfung dann immer zur Annahme von Vorsätzlichkeit führen, wenn der Thäter die causale Thätigkeit wollte, trotzdem er sich der damit verbundenen Gefahr für die hernach eingetretene Rechtsverletzung bewußt war und ihm deswegen das Gewollte als rechtswidrig erschien.

Kurzum, der Gefährdungsvorsatz ist die allgemeinste, einfachste und wie uns scheint, häufigste und auch am leichtesten zu erweisende[1] Erscheinungsform des verbrecherischen Vorsatzes überhaupt. In ihm offenbart sich zuerst der bewußt auf eine Rechtsgüterverletzung tendierende Wille, welch letzterer eben das Wesen des Vorsatzes ausmacht.

Die Absicht differenziert den Vorsatz und gibt ihm eine bestimmte Färbung,[2] doch ist zu betonen, daß zu seinem Begriffe eine solche nicht erforderlich ist. Es braucht dem bewußten Gefährdungswillen kein bestimmtes Begehren zu Grunde zu liegen.[3] In den Fällen, wo von einer unbestimmten Absicht gesprochen wird, kann Absicht nur im uneigentlichen Sinne verstanden sein, denn sie erfordert begrifflich ein bestimmtes Ziel.[4]

Nichtsdestoweniger spielt die Absicht im Gebiete der Vorsätzlichkeit, dieser einen Seite der schuldhaften Willensbetätigung eine große Rolle. Der bewußt rechtswidrig beabsichtigte Erfolg beweist im allgemeinen eine große Energie vorsätzlichen Wollens. Gerade auf dieser Grundlage lassen sich u. E. Intensitätsstufen, quantitative Unterschiede im rechtswidrigen Vorsatz nachweisen.

Liegt eine bestimmte Güterschädigung vor, und ist sie aus menschlichem Wollen entstanden, so kann dieses verschiedene Gestalt zeigen.

Entweder wurde der Erfolg mit historischer Gewißheit oder Wahrscheinlichkeit erwartet oder als leicht mögliche Folge gedacht, in allen Fällen aber beabsichtigt, oder er wurde als gewisse,[5] wahr-

---

[1] Darin ruht, wie wir später sehen werden, seine praktische Bedeutung.

[2] Der erste durch eine Absicht ausgezeichnete Vorsatz ist die Gefährdungsabsicht.

[3] Zwar ist kein Wille ganz ohne Begehren. Jeder Wille ist zielstrebig (final), allein es ist nicht nothwendig, daß das Ziel vorher in der Vorstellung ist, und daß die Bewegung nach einem fertigen Plane geschieht, wie bei der Absicht, wo dann die Erreichung des Ziels mit Befriedigung empfunden wird.

[4] Dies geht schon aus der Etymologie des Wortes hervor.

Vgl. Grimm: Deutsches Wörterbuch unter „Absicht" Herrmann: A. d. Crimr. N. F. 1856, p. 10 ff.

[5] Daß der Erfolg eintreten müsse, können wir gar nicht voraussehen. Die Nothwendigkeit im strengen Sinne bleibt uns verborgen, dagegen kann unsere Erwartung verschiedene Grade aufweisen.

scheinliche[1] oder leicht mögliche Folge vorausgesehen, ohne auch nur etwa in zweiter Linie beabsichtigt zu sein.[2]

Dennoch handelte der Thäter und verursachte schließlich den bestimmten Erfolg.

Es leuchtet ein, daß die Intensität des Vorsatzes ohne Absicht sich nach der verschiedenen Stärke des Gefahrbewußtseins bemißt.[3]

Je gewisser der Eintritt des Erfolges erwartet wurde, um so mehr Trotz des Willens brauchte es, um das entstandene Gegenmotiv, das dadurch bereitete psychologische Hindernis des Entschlusses handelnd zu überwinden.

Das constante Merkmal des Willens als Vorsatz aber besteht darin, daß dieser stets vom Bewußtsein seiner Rechtswidrigkeit begleitet ist.

Ueberdies haben wir jetzt gefunden, daß ihm stets die Vorstellung von der Gefahr des eingetretenen Erfolges eigen sein muß.

Es genügt nicht das Bewußtsein der bloßen Möglichkeit, denn dieses ist wie wir behaupten nicht geeignet, uns die Rechtswidrigkeit

---

[1] Vgl. Bruck, Fahrlässigkeit p. 15 „Criminaldolus ist der Wille, causal zu werden:

„a) mit der Vorstellung es werde oder könne durch das Causalwerden ein bestimmter nachteiliger Erfolg eintreten;

„b) mit dem Bewußtsein, daß dieser Erfolg ein rechtswidriger sei."

Damit ist der Vorsatz ohne Absicht trefflich umschrieben.

[2] Merkel, Lehrbuch p. 79. „Die Handlung erfolgt nicht zum Zwecke der Herbeiführung, sondern obgleich die betreffende Folge vorausgesehen wird."

Daß diese Voraussicht keine bestimmte, sondern nur Voraussicht der Gefährlichkeit, großen Möglichkeit zu sein braucht, zeigt das nun folgende von ihm angeführte Beispiel.

„So weiß der zu einem Zweikampf herausfordernde, daß die Folge dieser Handlung der eigene Tod (oder der seines Gegners) sein könne. Hierin liegt nicht der Zweck, aber eine ev. in Kauf genommene mögliche Consequenz desselben. Derartige Folgen nennen wir gleich den unter a) Erwähnten (wo die bezweckten oder beabsichtigten Folgen erwähnt werden) gewollt und „vorsätzlich" herbeigeführt, sofern ihnen eine praktische Bedeutung für die Interessen des Handelnden oder Dritter zukommt," (das ist unzweifelhaft beim Verletzungserfolg des Gefährdungsdelictes der Fall!), welche geeignet ist, der Willensbethätigung in der gegebenen Richtung psychologische Hindernisse zu bereiten, und in sofern die Ueberwindung dieser Hindernisse als ein Element der der Handlung zu Grunde liegenden Willensbethätigung erscheint."

[3] Ein intensives Gefahrbewußtsein und darum Vorsatz zum mindesten, war gewiß in dem so berühmten Falle Hürst vorhanden, wo der Thäter bei einer Gefechtsübung zweimal hinter einander mit scharfen Patronen in ein Peloton hinein schießt. Seine Aussage war, er habe niemand treffen wollen, er habe aus Spaß geschossen, welcher Ausdruck nach der Erklärung der Experten auf „Mutwillen" hinwies. In der That entspringt der Gefährdungswille häufig dem Mutwillen und frevelhaftem Leichtsinn. Vergleiche zum Falle Hürst, Gretener, Ztschft. f. schweiz. Strafr. 1. Jahrgang p. 1—15.

unseres Wollens zum Bewußtsein zu bringen; jenes den bewußten Willen stets begleitende Gefühl, das Wissen vom Wollen zu erzeugen.

Zur Verdeutlichung meiner psychologischen Betrachtungsweise möge folgendes Beispiel dienen.

Der Luftschiffer, welcher Passagiere an Bord nimmt, ist sich der Möglichkeit der Verletzung der Insassen bewußt. Der mit Gas gefüllte Ballon kann aus irgend einem Grunde zerplatzen. Ich abstrahiere davon, daß sich der Kapitän aus dem leicht möglichen Hinzutritt von Naturereignissen der Gefahr seines Unternehmens bewußt ist.

Die Vorstellung dieser Möglichkeit ohne daß er Grund findet aus einer fehlerhaften Beschaffenheit des Ballons an eine concrete Gefahr zu glauben, wird ihm den Aufstieg nicht als rechtswidrige Handlung erscheinen lassen. Wie anders, wenn auch nur ein kleiner Fehler in ihm die Gefahrvorstellung lebendig macht. Da trotz desselben — so nehmen wir an — die Sache schon einige Male glücklich abgelaufen ist, hofft er vielleicht, es werde ihm auch diesmal gelingen.

Allein das drohende Unglück erscheint ihm in anderem Lichte. Zugleich mit der Vorstellung objectiver Rechtswidrigkeit schuldhafter Verletzung, wird in ihm die subjcetive Rechtswidrigkeit seiner Handlung auftauchen, bewußter Gefährdungswille. Erfolgt die Katastrophe, ihm allein gelingt es, sich zu retten, so ist er der vorsätzlichen Tötung schuldig, tritt Körperverletzung ein, der vorsätzlichen Körperverletzung.

Aehnliche Fälle ließen sich in Menge aufzählen.[1] Packend hat Ibsen in seinem Schauspiel „die Stützen der Gesellschaft" einen solchen Fall geschildert. Ich denke an jenen Consul Bernick, der als Rheder das Leben von Hunderten gefährdet, indem er ein seeuntüchtiges, mangelhaft repariertes Schiff, „den Palmbaum" in See gehen läßt. Nur durch einen Zufall gelingt es, dieselben rechtzeitig der Gefahr des Unterganges zu entreißen. Er handelt wissentlich und gewissenlos, und ohne sich des ganzen Umfangs seines Willens bewußt zu sein.

Eine Absicht der Verletzung hat er nicht, und doch lastet auf ihm das Schuldbewußtsein, dessen er sich, um der gekannten Gefahr willen, nicht erwehren kann.[2]

Die Consequenzen unserer Betrachtung über den Gefährdungsvorsatz sind folgende:

a) Zwischen Verletzungvorsatz und Gefährdungsvorsatz besteht kein materieller Unterschied, sofern man unter dem Ersteren nur jene

[1] Interessant in dieser Beziehung ist, Fall 116 in Binding: Fälle für das Strafrechtspraktikum. Zweiter Abdruck p. 62.

[2] Vgl. in dieser Beziehung die psychologisch feine Charakterisierung Bernicks im vierten Aufzug.

Willenshandlung versteht, welche die Zurechnung eines bestimmten schädlichen Erfolges, wie ihn das Verletzungdelict benötigt, gestattet, insbesondere das Erfordernis der Absicht sei es auch nur der Eventuellen ausscheidet. Denn auch bei der vorsätzlichen Gefährdung liegt die Verletzung in der Richtung des Willens und wird von ihm umfaßt.

Verletzungsabsicht als eine Form des Verletzungsvorsatzes schließt den Gefährdungsvorsatz in sich. Dagegen schließen sich Verletzungsabsicht und Gefährdungsabsicht in Bezug auf das nämliche Rechtsgut aus. [1]

b.) Von einem Gefährdungsvorsatze im Unterschied vom Verletzungzvorsatze zu sprechen, hat nunmehr nur dann noch einen Sinn, wenn man den speziell zum Gefährdungsdelict gerade genügenden Vorsatz darunter versteht, Wollen einer Handlung trotz ihrer um der leicht möglichen Rechtsgutverletzung willen erkannten Rechtswidrigkeit. Das Mindestmaß objectiver Gefahr muß voraus gesehen sein, nicht aber braucht die Rechtsgutverletzung als wahrscheinliche oder gewisse Folge erwartet zu werden.

Das Gefährdungsverbot, welches den in einer Gefährdung verkörperten criminellen dolus bestraft, will den verbrecherischen Willen treffen, dessen Causalität noch nicht voll geworden ist, so lange die böse Saat noch nicht voll aufgegangen ist. Man weiß noch nicht, was Alles von ihm wäre umfaßt worden.

Schlägt die Gefährdung in Verletzung um, wird „der Tod des am Leben Gefährdeten verursacht“ wie es in Art. 59 des Commissionalentwurfes heißt, und sagen wir mit Stooß,[2] es liege eben vorsätzliche Gefährdung, Gefährdungsvorsatz in Bezug auf diesen Erfolg vor, so bedeutet das nach unserer Auffassung nichts anderes, als daß der Verletzung gegenüber der niederste Intensitätsgrad des Verletzungsvorsatzes vorliege.

Daß dieser auch zum Verletzungsdelict genüge, muß von uns postuliert werden, wird aber nur von denjenigen anerkannt,[3] welche den

[1] Da Binding dem Unterschiede von Vorsatz und Absicht keine Bedeutung beimißt für die Schuldlehre (N II 594) und deshalb die Ausdrücke bald im einen bald im anderen Sinne verwertet, glaube ich nicht fehl zu gehen, wenn ich den Satz: „Gefährdungs und Verletzungsvorsatz schließen sich aus“ Normen II p. 455. in unserem Sinne ausdeute. Der Wille scheint uns hier als Absicht aufgefaßt, was seiner sonstigen Auffassung des Willens widerspricht.

Vgl. auch Wanjeck G. S. XXXI 1879 p. 10 ff.

[2] Ztschft. f. d. ges. Strafrw. 1895 Bd. XV p. 201.

[3] Vgl. Weißenborn G. S. L 1895 p. 222 und Baumgarten, Versuch p. 428. „Bei den meisten vorsätzlichen Delicten genügt zur Strafbarkeit das Vorhanden-

innern Grund der Zurechnung des nicht beabsichtigten, aber vorausgesehenen Erfolges in dem Handeln auf die Gefahr hin erblicken und nicht eine ausdrückliche Einwilligung oder Billigung ev. Beabsichtigung und Anderes fordern.[1]

---

sein des dolus eventualis. Ein solcher wird mit Recht darin gefunden, wenn der Thäter im Zweifel, ob seine Handlung einen erlaubten oder unerlaubten Erfolg herbeiführen werde, auf die Gefahr hin handelt, letzteren herbeizuführen, mag er auch immerhin ersteren wünschen."

So Binding, N. II 409 a. E. 410. Das Reichsgericht hat sich schon öfters unserer Auffassung der bewußten Gefährdung genähert.

Vgl. U. d. R. G. I v. 28./III. 1887 E. XVI/25. U. R. II v. 15./XII 1884 E. XII/64. U. R. III v. 22./XII 1884 E. XII/64.

[1] Nach verschiedenen schweizerischen Strafgesetzen scheint mir eine Zurechnung des nicht beabsichtigten Erfolges aus diesem Grunde gestattet zu sein. Wenn auch die meisten den Vorsatz nur als Absicht kennen, so machen sie doch hier und da Conzessionen und lassen in verschiedenen formell-rechtlichen Dolusdefinitionen die richtige Auffassung von der Existenz eines reinen Vorsatzes durchblicken. Wenn gesagt wird Graubünden § 19 . . . wenn der strafbare Erfolg als wahrscheinliche Folge der beabsichtigten Handlung oder Unterlassung vorausgesehen werden mußte . . ., oder St. Gallen Art. 22 a Alin. 2 . . . wenn die Absicht auf eine andere, mit Strafe bedrohte Handlung gerichtet war und er dabei den eingetretenen Erfolg, ohne ihn selbst zu beabsichtigen, doch als wahrscheinlich voraussehen konnte . . ., oder Aargau § 19. „Auch dann fällt böser Vorsatz zur Last wenn . . . b) statt des durch die gesetzwidrige Handlung beabsichtigten Uebels ein anderes, verwandtes, nicht beabsichtigtes Uebel erfolgt, das nach der Natur der Sache leicht eintreten konnte . . .," so ist damit in gewissen Fällen eine Präsumtion aufgestellt, es genügt ein dolus präsumptus. Da, was präsumiert wird, dadurch als notwendig anerkannt wird, so liegt darin das Zugeständnis, daß das Erfordernis des „Voraussehen-Müssens mit Wahrscheinlichkeit oder Möglichkeit als ein zwar Notwendiges aber auch zum Vorsatze Genügendes anzuerkennen ist. Wenn wirklich die Möglichkeit oder Wahrscheinlichkeit vorausgesehen wurde, so liegt danach unzweifelhaft Vorsatz vor. Wenn bei der Begehung der That die Umstände derart waren, daß nach der Natur der Sache das nachher eingetretene Uebel leicht eintreten konnte, wie Aargau § 19 verlangt, so lag eben in diesem Falle Gefahr in concreto vor, wie wir sie oben beschrieben haben. Wenn diese Gefahr vorausgesehen wurde, so wurde auf die Gefahr hin gehandelt, und es war Vorsatz in Bezug auf den eingetretenen Erfolg vorhanden, und wenn sie nur vorausgesehen werden konnte und darum sollte, so müßte eigentlich Fahrlässigkeit angenommen werden, allein es wird Vorsatz präsumiert. Von dieser Präsumtion haben sich allein frei gemacht und einen materiell-rechtlichen Begriff aufgestellt, Schwyz § 33. „Wenn aus den Umständen hervorgeht, daß bei einer strafbaren Handlung die Vernunftthätigkeit nicht ausgeschlossen war . . . oder wenn der eingetretene Erfolg einer solchen Handlung (strafbaren Handlung) oder Unterlassung von dem Thäter als möglich vorausgesehen wurde, so soll auf eine Criminalstrafe erkannt werden," das heißt, die That als criminelles Verbrechen geahndet werden, zu welchem

Wenn man den Gefährdungsvorsatz, um seine Eventual-Natur zu bezeichnen, daß nämlich die eventuell verursachte Verletzung zu ihm zurechenbar sei, dolus eventualis nennt, wie dies Lucas thut,[1] so ist dagegen nicht viel einzuwenden.

Doch scheint mir dies der herrschenden Theorie des dolus eventualis zu widersprechen.[2]

Mancher möchte vielleicht geneigt sein, der Willensseite der vorsätzlichen Gefährdung den Typus der Fahrlässigkeit beizulegen. Da der bewußt Gefährdende unbestrittenermaßen sich der Möglichkeit des Verletzungserfolges bewußt ist, liegt es für diejenigen, welche an eine sog. bewußte culpa, luxuria im Unterschiede zur einfachen Fahrlässigkeit glauben[3] nahe, gerade diesen Begriff zur Zurechnung des Ver-

---

nach § 30 Schwyz immer die Absichtlichkeit, Böswilligkeit und Rechtswidrigkeit allgemeine Voraussetzung ist. Es wäre also eine leichtere Form des dolus anzunehmen. Vgl. Stooß, Grundzüge I 199.

Am weitesten geht Luzern § 26, welches sogar in diesem Falle Absicht annimmt, welche allerdings nach seiner Auffassung mit Vorsatz gleichbedeutend ist. Dieser lautet: „Als Fahrlässigkeit ist es indessen nicht zu betrachten, sondern als absichtliche Uebelthat, wenn der eingetretene rechtswidrige Erfolg einer Handlung von dem Thäter als möglich vorausgesehen wurde. Vgl. auch Schaffhausen § 30, welches allein einen richtigen Vorsatzbegriff aufstellt, indem es die Absicht aus ihm ausscheidet.

Von denjenigen schweizerischen Gesetzbüchern, welche Definitionen der beiden allein als existent angenommenen Schuldformen, Vorsatz und Fahrlässigkeit enthalten, machen keinen Unterschied zwischen Vorsatz und Absicht: Bundesstrafrecht, § 11 verglichen mit 12, Thurgau 29 vgl. m. 30, Graubünden 19 vgl. m. 20, Aargau 18, 19, Luzern 23, 24, Obwalden 20, Bern 27, 28, Freiburg 33, St. Gallen 22.

Schaffhausen steht also allein!

[1] Vgl. Lucas, Subj. V. p. 15, 16, bes. 17.

Dagegen: v. Buri im G. S. Bd. XLI 1889 14. Ueber den Begriff des Vorsatzes und der Handlung p. 408—444. Davon speciell p. 424 (unzutreffend).

[2] Stooß will gerade darum zwischen dolus eventualis und vorsätzlicher Gefährdung unterscheiden.

Vgl. Hälschner, System II § 34 p. 129.

Berner, Lehrbuch § 68, 123. 17. Aufl. „Der Wille wird zu sehr als Absicht aufgefaßt und unter dolus eventuell bestimmte Absicht verstanden."

Vgl. Lucas, Subj. V. 12.

In unserem Sinne: Gessler, Begriff und Arten des dolus p. 164.

[3] Der Begriff der luxuria, bewußten culpa wie er von Feuerbach, Lehrbuch 7. Aufl. § 54 ff. aufgestellt, und von Berner, Imputationslehre p. 246 ff. Teilnahme p. 118, 154, Hälschner, System I 158 und Gem. d. Strafr. (1881) I p. 316, 317, Schütze, Lehrbuch p. 123 ff. und vielen Andern acceptiert wurde, ist in sich durchaus widerspruchsvoll, etwas Unbegreifliches. Dagegen Buri, Teilnahme p. 27. G. S. 1870 p. 14.

letzungserfolges und damit zur Charakterisierung des Gefährdungswillens heranzuziehen.[1]

Die Versuchung ist namentlich dann eine große, wenn man aus dem Begriff des rechtswidrigen Vorsatzes das Bewußtsein der Rechtswidrigkeit ausmerzt[2] und nur nach der Entwicklung der Vorstellungsseite unterscheidet, keinen qualitativen, sondern nur einen quantitativen Unterschied von Vorsatz und Fahrlässigkeit annimmt.

Wir stehen auf dem von Binding mit Schärfe und unerreichbarer Meisterschaft verteidigten entgegengesetzten Standpunkt[3] und es dürfte notwendig sein, das Verhältnis des Gefährdungsvorsatzes wie des Vorsatzes überhaupt zur Fahrlässigkeit einer kurzen Betrachtung zu unterziehen.

Während wir als constantes Merkmal des rechtswidrigen Vorsatzes das Bewußtsein seiner Widerrechtlichkeit forderten, Vorsatz und bewußt rechtswidriger Wille identisch sind, finden wir das Wesen des fahrlässigen Willens in dem Mangel dieses Bewußtseins, im unbewußt rechtswidrigen Willen.

Gefährdungsvorsatz ist deswegen nicht luxuria, weil diese letztere Fahrlässigkeit, Handeln ohne Bewußtsein der Widerrechtlichkeit sein soll.

Aber auch noch aus einem anderen Grunde:

Luxuria[4] wird allgemein als Handeln mit dem Bewußtsein der Möglichkeit des eingetretenen Erfolges bezeichnet. Es genügt die Vorstellung der bloßen Möglichkeit,[5] während zum Gefährdungsvorsatz die Vorstellung der gefährlichen, leichten Möglichkeit, kurzum die Vorstellung objectiver Gefahr gehört.

Da wir davon ausgehen, daß mit der Vorstellung der Gefahr eines als solchen erkannten objectiv rechtswidrigen Erfolges, zugleich das Bewußtsein der Widerrechtlichkeit oder zum mindesten starker Zweifel an der Rechtmäßigkeit der unternommenen Handlung existent werde,[6]

Vgl. auch Geyer in Holtzendorffs Encyklopädie 5. Aufl. p. 930 und ferner Loock, Der strafrechtliche Schutz der Eisenbahnen 1893 p. 194 ff. bes. 199.

[1] Dies thut Lilienthal im Hinblick auf die vorsätzliche Lebensgefährdung des Art. 58 des Stooß'schen Entwurfes. Ztschft. f. d. ges. Strafr. XV p. 318.

[2] Denken wir an die oben besprochene Vorstellungstheorie.

[3] Binding, Normen II 121, 122.

[4] Ueber die Entstehung dieses Wortes und seine Bedeutung im römischen Recht. Binding, N. II 374.

[5] Soweit von luxuria auch da gesprochen wird, wo der rechtswidrige Erfolg als nach dem gewöhnlichen Laufe der Dinge leicht möglicher, wahrscheinlicher vorgestellt war, ist diese zum Vorsatz zu rechnen, und es bleibt für sie nur noch übrig was Lucas ihr vindiciert.

Subjective Verschuldung p. 110.

[6] Diesem Gedanken gibt auch Ortloff, G. S. XXXIV 1883 p. 412 Ausdruck.

giebt es nur zwei hauptsächlichste Erscheinungsformen der Fahrlässigkeit.[1]

Entweder erscheint der als leicht mögliche Folge der Handlung erkannte Erfolg, die größere oder geringere objective Gefahr seines Eintritts, dem Handelnden als unverboten, die gefährliche Handlung ihm aus schuldhafter Unaufmerksamkeit eine rechtmäßige[2] oder aber, die Vorstellungsseite war nicht so entwickelt, wie sie entwickelt hätte sein sollen.[3]

Der Fahrlässige läßt die Gefahr Gefahr sein, ohne sie zu erkennen, und schon aus diesem Grunde mangelt ihm das Bewußtsein der Rechtswidrigkeit.

Dieser letztere Fall scheint uns beim fahrlässigen Handeln die Regel zu bilden.[4]

Während demnach, wenn wir nach der Vorstellungsseite scheiden, die typische Erscheinungsform der Vorsätzlichkeit das Handeln trotz erkannter Gefahr bildet,[5] so besteht die Fahrlässigkeit in dem Handeln ohne Erkenntnis der Gefahr wo sie hätte erkannt werden können und sollen.

Immer natürlich ist concrete, objective Gefahr gemeint, so daß demjenigen, welcher sich zwar der generellen Gefährlichkeit bewußt

---

[1] Bruck, Fahrlässigkeit p. 15.

[2] Dies ist namentlich da häufig der Fall, wo ein gewisses berufliches Wissen verlangt werden durfte, in concreto aber mangelte: Ein Arzt glaubt sich zu einem lebensgefährlichen Eingriff berechtigt, trotzdem dieser in keinem Verhältnis steht zur Krankheit des Patienten und durch die Wissenschaft nicht gefordert wird.

[3] Der gleiche Arzt wendet ein gefährliches Mittel an, an dem der Patient stirbt, das er aber aus schuldhafter Unkenntnis seiner Qualität für harmlos hielt.

[4] Rotering, Fahrlässigkeit 1892 p. 21. „In dem letzteren Falle mißkennt der Thäter, daß seine Handlung eine Gefahr für den fremden Wirtschaftskreis erzeugt. Vgl. auch a. a. O. p. 27.

Finger, Strafrecht I 148.

[5] Ich gebe zu, daß wenn der Thäter den sicheren Eintritt des Erfolges gewußt hätte, er in vielen Fällen nicht gehandelt haben würde. Allein davon darf man das Vorhandensein des Vorsatzes nicht abhängig machen. Das ist nur ein Beweisgrund für die Intensität desselben.

Dennoch thun dies: Frank: Ztschft. f. d. ges. Strafrw. Bd. X 169—228.

Lilienthal: Ztschft. f. d. ges. Strafrw. Bd. XV p. 280.

Liszt: Lehrbuch p 173.

Finger: Strafrecht I p. 133.

Mit Recht wendet v. Buri G. S. XLIII 1890 p. 244 dagegen ein: „Es darf doch die Voraussicht nur so wie sie wirklich beschaffen war zur Construction des dolus und der culpa verwendet werden. Darum muß es unzureichend erscheinen, aus einer Voraussicht, welche der Handelnde nicht besessen hat und nicht hatte besitzen können, einen wirklich vorhandenen dolus herzuleiten.“

ist, aus irgend einem Grunde aber die concrete Gefahr für ausgeschlossen erachtet, Fahrlässigkeit zur Last fällt, falls er sich vermöge seiner normalen Geisteskräfte und nach der den concreten Verumständungen gemäß zu verlangenden Aufmerksamkeit, die concrete Gefährlichkeit seiner That hätte zum Bewußtsein bringen sollen. (Vgl. Löffler a. a. O. p. 9 oben).

Die fahrlässige Gefährdung, wie sie als solche, ohne Verletzungserfolg auch im neuesten Entwurfe zu einem schweizerischen Strafgesetzbuch, vielfach bestraft wird, offenbart uns das Wesen der Fahrlässigkeit.[1]

Weil der Fahrlässige immer in einem vermeidlichen und zu vermeidenden Irrtum entweder über die Gefährlichkeit oder die Rechtmäßigkeit seiner That befangen ist, muß er sich auch den Verletzungserfolg[2] auf Rechnung seiner Fahrlässigkeit setzen lassen. Nicht darum wird im ersteren Falle gestraft, weil der Verletzungserfolg unbewußt gewollt ist, denn jede Schuld ist Schuld des bewußten Willens, sondern weil der bewußte Wille, soweit er sich in der verursachenden Handlung verkörpert, von mangelhafter Beschaffenheit ist.

Es mangelt ihm das Verständnis auch nur für die leicht mögliche Ursächlichkeit des Gewollten für den Erfolg,[3] welches eine normale Wirksamkeit des Pflichtmotivs hätte erwarten lassen.

Im zweiten Falle bedenkt der Handelnde die concret causale Bedeutung seiner Handlung, der Erfolg kann bewußt gewollt sein.[4]

Er hätte ihre Unerlaubtheit kennen sollen. Allein es geschah nicht. Die Pflicht der Unterlassung, welche sich mit dem Bewußtsein der Normwidrigkeit, als abhaltendes Motiv geltend gemacht hätte, sie vermag als solches nicht zu wirken.

Beim Vorsatz dagegen ist das Letztere der Fall, denn er erfordert Bewußtsein der Normwidrigkeit. Allein hier cessiert die normale Wirksamkeit des Pflichtmotives, seine Kraft wird durch eine stärkere überwunden, die Willenschuld ist eine ungleich größere.

---

[1] Vgl. Lilienthal, Ztschft. f. d. ges. Strafrw. Bd. XV 1895 in seinen Bemerkungen zu Art. 143 und 144 (Verseuchung) des Stooß'schen Entwurfes bes. p. 343 wo sich seine falsche Vorsatzauffassung geltend macht.

[2] Dieser bildet in den meisten Gesetzbüchern eine objective Voraussetzung der Strafbarkeit der Fahrlässigkeit, wie dieselbe überhaupt nur da bestraft wird, wo es ausdrücklich bestimmt ist, trotzdem sie eine allgemeine Schuldform ist wie der Vorsatz.

[3] Vgl. Janka, Strafr. p. 104. 1. Aufl.

[4] Dies ist häufig der Fall bei der im Exceß der Notwehr begangenen Körperverletzung oder Tötung. Wie viel wissen nicht, in welchen Grenzen sich die straffreie Verteidigung gegen rechtswidrige Angriffe bewegen darf. Sie glauben sich zu jeder Abwehr berechtigt.

§ 6. Historische Reminiscenzen.

Während wir uns so mit dem Wesen des Gefährdungsvorsatzes beschäftigen, tauchen in unserer Erinnerung eine ganze Reihe Bilder aus der Dogmengeschichte des Vorsatzes auf. Diese wollen wir nun für einen Augenblick fixieren. Vielleicht lassen sich Anknüpfungspunkte für unseren Vorsatzbegriff finden.

Da ist vor allem der römische dolus, welcher auch heutzutage noch nicht aufgehört hat, eine maßgebende Rolle in der Schuldlehre zu spielen. Lösen wir uns aus seinem Banne, denn sicher bedeutet er nichts anderes als „böswillige, bewußt rechtswidrige Absicht zu täuschen oder zu schaden", das Hinzielen nach einem Erfolg, direktes Wollen [1] desselben.[2]

Ueberdies hat er eine bestimmte ethische Färbung und drückt eine verwerfliche, zum mindesten chikanöse Gesinnung aus.[3]

Einen Anknüpfungspunkt im römischen Recht für unsere moderne Auffassung des Vorsatzes wird man nur dann finden, wenn man der von Binding eindringlich verfochtenen Ansicht beistimmt, wonach der dolus ein „Complement erhalten hat in dem materiell-rechtlichen Begriffe der culpa lata,[4] welch' letztere dolus malus abzüglich des gemeinen Motivs bedeuten soll.[5]

Binding hat den quellenmäßigen Beweis für die Richtigkeit dieser Ansicht angetreten und so viel ist sicher, daß der Thäter in manchen Fällen der culpa lata wie ein dolos Handelnder angesehen wurde.

---

[1] Vgl. Löffler, Schuldformen p. 88.
Engelmann, Postglossatoren p. 140.

[2] Die später als Belege für die Annahme eines indirecten, generellen, indeterminierten, eventuellen Dolus gebrauchten Quellenstellen:
1 3 § 2 D ad leg. Cornel. de sic. 48, 8
1 38 § 5 D de poenis 48, 19
1 6 Cod. ad leg. Jul. de vi publ. IX, 16
verdienen hier insofern Beachtung, als auch unser Gefährdungsvorsatz nur wieder eine Form des dolus (Allgem. Begriff im Sinne Lucas, Subj. V. 6) ist, welche auch die Zurechnung des nicht beabsichtigten Erfolges ermöglicht.

[3] Ueber die Schuldarten im römischen Recht bes.:
Binding, Norm. II 269—390.
Löffler, Schuldform. 59—112.

[4] Binding N. II 342, ferner bes. N. II 271, 389, 390.

[5] Binding, N. II p. 338 ff.
Dagegen: Hasse, Mommsen, Unger, Pernice, Windscheid.
Vgl. darüber Löffler, Schuldformen p. 100.

Einige Fälle crimineller culpa lata [1] präsentieren sich ohne weiteres als Gefährdungsthatbestände. Aus luxuria lascivia würde hier, obiger Auffassung gemäß, mit rechtswidrigem Vorsatz gehandelt [2] und zwar, wie wir dann behaupten möchten, vorsätzlich gefährdet. [3]

Allein die neuerdings wieder von Engelmann verteidigte Ansicht [4] scheint uns plausibler. Danach verbanden die Römer mit culpa lata keinen bestimmten Schuldbegriff.

Die Behandlung derselben entsprang praktischen Beweisvorschriften nicht einer theoretischen Erkenntnis des Vorsatzes, wie denn überhaupt gerade im römischen Strafrechte der Mangel an scharfer Begriffsbestimmung und Abgrenzung der Begriffe, an theoretischem Sinn, am klarsten zu Tage tritt.

Erst die Postglossatoren Bartolus, Salycetus, Angelus, Decian, Caepolla, Clarus strebten nach wissenschaftlicher Vertiefung des Dolusbegriffes. [5]

Dieser wurde erweitert, da eben der Hergebrachte nicht ausreichte, um jene Fälle zu decken, wo nur die Ursache gewollt der Erfolg aber vom Willen ausgeschlossen erschien, die Fälle der wissentlichen Gefährdung und des Einwilligens in den Erfolg. Es entstand der Begriff des dolus indirectus, welcher namentlich am Verbrechen der Tötung entwickelt wurde, und bis um die Wende des 18. Jahrhunderts eine unbestrittene Geltung beanspruchte.

Die Lehren der Postglossatoren von der „voluntas indirecta" waren bestimmend für die deutsche Jurisprudenz. Aus einem dolus indirecte probatus, wird der dolus indirectus zum materiellrechtlichen Begriff bei Carpzow [6] und Böhmer und gewinnt eine festgefügte Gestalt als

---

[1] Ulpiani libro VII de officio proconsulis s. t. de sicariis et veneficis. Mos. et Roman. legum collatio. c. 11 § 2 und 3; Paulus im liber singularis de publicis judiciis 1 7 D, 48, 8 ad leg. Cornel.

[2] Binding, N. II, 366.

[3] Engelmann, Postglossatoren p. 140, 141.

[4] Vgl. über den interessanten Fall der Vergiftung:

Marc. libr. V instit. 1 3 D ad leg. C. 48,8 1, 2,

Paulus. libr. V Sent. 1 38 D de poenis 48, 19, 5,

wo vorsätzliche Gefährdung bestraft wird und der Tötungserfolg die Strafe der vorsätzlichen Tötung nach sich zog.

Hitzig, das Tötungsverbrechen im römischen Recht seit der Strafgesetzgebung des Sulla, in Ztschft. f. schweiz. Strafr. 9. Jahrg. 1896, p. 16—43, spec. 35 und 36.

[5] Vgl. Engelmann, die Schuldlehre der Postglossatoren Leipzig 1895.

Löffler, Schuldformen 144 ff., 146.

Gessler, Begriff und Arten des dolus p. 20 ff.

[6] Carpzow, Practica nova verum criminalium imperialis Saxonica, Lipsiae 1739 I 1.

„intentio indirecta" bei Nestelbladt.[1] Sein Hauptvorzug war die leichte Beweisbarkeit, welche wir auch für unsern Gefährdungsvorsatz in Anspruch nehmen. Sollte der Letztere etwa im Sinne jenes dolus indirectus aufzufassen sein. Wir wollen es mit Entschiedenheit verneinen.

Von den Schlacken, die dem dolus indirectus ankleben, soll unser Vorsatzbegriff frei sein.

Daß der Handelnde „operam dabat rei illicitae" war die Voraussetzung zur Annahme eines dolus indirectus.

Denn dann hieß es mit dem Satz der Canonisten: Versanti in re illicita imputantur omnia quae sequuntur ex delicto.[2]

Wenn heutzutage noch eine Zufallshaftung behauptet wird, so sind die Argumente, wenn auch vielleicht unbewußt, dieser verhängnisvollen Regel entnommen.[3]

Dies thut zum Beispiel v. Rohland, wenn er den Verletzungserfolg beim Gefährdungsdelict auch als zufälligen zur Anrechnung bringen will.[4] Da heißt es z. B. p. 69 (Gefahr): Wer eine Rechtspflicht verletzt und einem Verbote zuwider die Rechtswelt gefährdet, der ist in Schuld und deshalb hat er für den Zufall einzustehen". Das Schuldmoment liegt also deutlich im versari in re illicita.

Wir sind mit Binding von der Strafunfähigkeit des Zufalls überzeugt, indem Zufall alles dasjenige ist, was seine Ursache nicht in einer menschlichen Handlung hat.[5]

Danach dürfte es sich übrigens da, wo vom Thäter gefordert wird, daß er den schwereren Erfolg verursacht[6] habe, niemals um die Zu-

---

[1] Nestelbladt-Gläntzer: Dissertatio juridica de homicidio-ex intentione indirecta commisso. Halae Magdeburgensis 1756.

[2] Bernardus Papiensis hat diese Lehre begründet. Vgl. Löffler, p. 136 ff.

Sie erweitert die Irregularitätsgründe der Tötung und hat nicht den Zweck ein bestimmtes Schuldprinzip aufzustellen.

[3] Die Zufallshaftung kann sich zwar auch des historischen Arguments der urdeutschen Erfolghaftung bedienen, allein in der Ueberwindung dieser Letzteren ruht der Fortschritt und die Vertiefung der Schuldlehre.

[4] Rohland, Gefahr p. 66 ff.

[5] Binding. Hb. I 366.

Hälschner, Gem. d. Strafr. I p. 275, System I 327 II 28 ff.

Schütze, p. 396. Strafgb. f. Thurgau § 29.

Vgl. dagegen Urteil der App. K. d. zürcherischen Obergerichts Rechenschaftsbericht 1886. No. 50 p. 20.

[6] Art. 59 des Commissionalentwurfs für ein schweiz. Strafgb. „wird der Tod des Menschen verursacht."

rechenbarkeit eines zufälligen [1] Erfolges handeln, man müßte sich denn auf den Boden der v. Burischen Causalitätstheorie stellen.

Doch, kehren wir nach dieser kurzen Abschweifung zum dolus indirectus zurück.

a) Dieser verlangt also vor allem, Absicht gerichtet auf ein leichteres Delict, welcher dann das in der Richtung der Handlung liegende schwerere Delict zurechenbar ist.

Unser Gefährdungsvorsatz hingegen setzt sich nicht aus directer und indirecter Absicht zusammen und wir können ihn auch da construieren, wo sich Verletzung und Gefährdung zeitlich nicht von einander abheben.

b) Ferner wird zu ihm erfordert ein animus quomodocunque laedendi oder sogar ein animus vulnerandi aut corpus laedendi.

Weder eine allgemeine noch irgend wie bestimmte Absicht braucht unserem Vorsatz zu Grunde zu liegen.

c) Die äußere Gestaltung der Handlung darf beim dolus indirectus keine Beschränkung der Absicht erkennen lassen. Factum verisimiliter tendit ad finem secutum.

Hatte die Handlung die Tendenz auch nur mit Wahrscheinlichkeit sich auf den eingetretenen Erfolg auszudehnen und konnte oder mußte der Thäter dies voraussehen, so lag dolus indirectus vor.

Daß der Thäter die Gefahr, die Wahrscheinlichkeit oder Gewißheit des eingetretenen Erfolges voraus gesehen habe, wie wir es verlangen, scheint nicht erheblich zu sein d. h. der dolus wird nach Beweismomenten bestimmt, hergenommen aus der Beschaffenheit der angewandten Mittel und Werkzeuge, und dem generellen Charakter der Handlung.

Indiciert die Handlung das Bewußtsein des Thäters von der Möglichkeit des Erfolges, so wird eine indirecte Willensrichtung auf den Erfolg angenommen. Thomas von Aquino hat die Lehre vom directen und indirecten Willen begründet [2] und Covarruvias a Leyva dieselbe zur psychologischen Erklärung des neuen erweiterten Dolusbegriffes verwertet. [3] Die Ausführungen des Letzteren sind es, welche zu allen Zeiten die festeste wissenschaftliche Stütze für den dolus indirectus bilden.

---

[1] Daß die Verletzungsfolge einer schuldhaften Gefährdung eine zufällige ist, wird selten vorkommen, da diese Handlung ihrer Beschaffenheit nach die große Möglichkeit einer Verletzung in sich schließen soll.

[2] Wer die Ursache will, will auch den Erfolg.

Vgl. Löffler, Schuldf. 159. qui consentit in antecedens, non potest non consentire in consequens.

[3] Opera omnia, Coloniae Allobrogorum 1679. Tom I pars II 1, 2.

Indem wir uns, wie früher erwähnt der Bindingschen Willensauffassung anschliessen, verwerfen wir die Annahme eines „indirecten sowohl als eines eventuellen Wollens, und anerkennen nur ein eventuelles Beabsichtigen". Dieses aber liegt unserem Gefährdungsvorsatz nicht zu Grunde. Zu einem reinen Vorsatz im Gegensatz zur Absicht, im Unterschiede zum dolus malus, ist die italienische Doctrin nicht gelangt.[1]

Während die ältere gemeinrechtliche Doctrin ganz in den Banden des klassischen dolus indirectus gefangen liegt, macht sich in der Neueren das Bestreben geltend, den Dolusbegriff abzuklären und zu läutern.

Bald wird der dolus indirectus ausdrücklich verworfen, bald das versari in re illicita stillschweigend aus seinem Begriffe entfernt, endlich aber auch öfters der ihm zu Grunde liegende Gedanke unter einer neuen Maske wieder vollständig ans Licht gezogen, und unter einer neuen Bezeichnung dolus indeterminatus seu eventualis, dolus generalis, alternativus, culpa dolo determinata acceptirt.

Von Interesse aber ist es namentlich, wie einige Autoren den Versuch machen, mit der alten Zweiteilung der Schuldarten zu brechen und Mittelstufen zwischen dolus und culpa einzuschieben. Was da entdeckt wurde und entdeckt werden konnte ist aber nicht die Wissentlichkeit Löfflers[2] sondern die einfachste Gestaltungsform des rechtswidrigen Vorsatzes.

Die Lösung des Problems der richtigen Teilung der Schuldformen wurde damals (zum Teil ist es auch heute noch der Fall) erschwert durch die eingewurzelte Annahme, daß Vorsatz nur im Gewande des dolus, der irgendwie bestimmten Absicht, ginge sie auch nur auf den Allgemeinbegriff der Verletzung, möglich sei.

Darum gelangt Soden[3] zu einer Dreiteilung der Schuldarten, deren mittlere er als „einwilligende Schuld" (nicht Vorsatz) bezeichnet. Es ist die Eventualergebung in den Erfolg, welche, weil sie der bestimmten Absicht ermangelt nicht dolus (Vorsatz) sein soll. Erst die Trennung von Vorsatz und Absicht, wie sie zum ersten Mal vor Köstlin Klein unternahm,[4] vermochte einer richtigeren Erkenntnis Bahn zu brechen.

Kleins „gefährlicher Vorsatz" weist mancherlei Berührungspunkte mit unserem Gefährdungsvorsatz auf.

---

[1] Vgl. Engelmann, Postglossatoren, 39.

[2] Ein Nicht-Wollen des Erfolges.

[3] Geist der peinlichen Gesetzgebung Teutschlands 2. Aufl. 1792 I 16 ff.

[4] Alt. A. d. Crr. Bd. I St. II p. 63. Bd. III 1 St. p. 129.

Klein bestimmt das vorsätzliche Handeln im Allgemeinen annähernd richtig dahin: „Wer wissentlich etwas unternimmt, woraus gesetzwidrige Folgen nach seiner eigenen Ueberzeugung entstehen können, handelt vorsätzlich".[1]

Bei den gefährlichen Handlungen besteht die Schuld darin, daß die mögliche Folge deutlich gedacht wird.[2]

Zum ersten Mal wird von einem Gefährdungsvorsatz gesprochen bei Stübel, dessen Schuldlehre aller Beachtung wert ist.[3]

Er glaubt, es gebe einen Vorsatz der nur auf die gefährliche That als solche ginge.

Bei Stübel ist der Gefährdungsvorsatz eine Unterart des Vorsatzes im allgemeinen (dolus), und er unterscheidet sich vom Vorsatz i. e. S. (Verletzungsabsicht) dadurch, daß der Handelnde nicht die Ueberzeugung von der Gewißheit, sondern nur von der Wahrscheinlichkeit des gesetzwidrigen Erfolges hat, hier spielt die „gefährliche" Handlung, die „Gefährlichkeit" der That zum ersten Mal ihre Rolle. Der Handelnde beabsichtigt nur die „gefährliche" Handlung.

Er nennt diese Art des Vorsatzes „Schuld", reatus: Es ist der Entschluß zu einer Handlung, trotzdem der Thäter sich bewußt ist, daß mit einer gewissen Wahrscheinlichkeit auch eine andere in einem peinlichen Gesetze ausdrücklich verbotene Handlung daraus entstehen könne, ohne die Absicht diese zu bewirken.

Er faßt diese „Schuld" durchaus als dolus auf. Sie bildet den bedeutendsten Teil seiner Schuldlehre. Allein seine falsche Auffassung vom Willen als Absicht läßt ihn nicht zu einer Zurechnung des Verletzungserfolges gelangen. Dieser wird als zufällige Folge vom Delict abgestoßen und ist nur Indiz für die Gefährlichkeit der That.[4]

Auf Grundlage der Feuerbach'schen Theorie[5] müßten wir wohl hinsichtlich des Verletzungserfolges beim Gefährdungsdelicte eine „culpa dolo determinata" annehmen, d. h. schwere Fahrlässigkeit, wobei das

---

[1] Archiv III 1 St. 128. Uebertrieben wird dieser Gedanke von Allmendingen: „Ueber das culpose Verbrechen." Bibl. f. d. peinl. Rw. und Ges. Bd. II St. 2 16 ff.

[2] Grundsätze d. gem. teutschen peinl. Rechts. 2. Aufl. Halle 1799 § 122 (wo die Einteilung der gesetzwidrigen Handlungen gegeben wird.)

[3] Vgl. System des allgemeinen peinl. R. 2 Bde. Leipzig 1795 bes. II. 58 ff., 64, 72, 74. Ueber „Gefährliche Handlungen" i. N. Arch. d. Crr. VIII (1826) bes. 285, 293 ff.

[4] Arch. VIII § 41, 42, 43, 45 bes. p. 279, 295, 300.

[5] Vgl. Feuerbach, Revision der Grundsätze und Grundbegriffe des peinl. R. 2 Bde. 1799, 1800.

versari in re illicita wieder stark in die Wagschale fällt. Feuerbach's culpa, welche er nur als sog. „bewußte culpa“ kennt, von der oben schon die Rede war, ist wie Binding treffend nachweist gleichbedeutend mit rechtswidrigem Vorsatz.[1] Dies ist die notwendige Consequenz von Feuerbach's Schuldtheorie des psychologischen Zwanges, welche vom Thäter im Momente der That, wissentliche Uebertretung des Strafgesetzes fordert.

Feuerbach allerdings, dem der Dolus-Begriff wiederum Absicht zu fordern scheint, „eine Bestimmung des Begehrungsvermögens zu einer Rechtsverletzung als Zweck“[2] kann dies nicht anerkennen. Sein dolus indeterminatus sen eventualis hat mit unserem Gefährdungsvorsatz nichts zu thun, denn ihm ist wesentlich die Absicht, das eine oder andere Verbrechen zu begehen.

Dem Thäter ist es gleichgültig, welches von Beiden begangen wird, er wünscht nicht einmal, daß etwa nur das leichtere erfolgen möge.[3]

Uebrigens ist dieser dolus indeterminatus nichts als eine andere Bezeichnung für den alten dolus indirectus.

Ebenso wenig darf der Gefährdungsvorsatz im Sinne des dolus generalis von Krug[4] oder der generellen Absicht Herrmanns[5] verstanden werden.

Krug nimmt an, daß es einen Willen gebe, der sich auf ein in specie unbestimmtes Object richte, unbestimmte Absicht. War der Wille bestimmt auf den eingetretenen Erfolg gerichtet, so liegt dolus determinatus vor. Hat der Wille nur insofern eine bestimmte Richtung, als eine Verletzung im allgemeinen beabsichtigt ist, so ist er

---

Betrachtungen über dolus und culpa überhaupt und den dolus indirectus insbesondere Bibl. f. p. Rw. und Gskd. Bd. II St. 1 (1800) p. 193 ff.

Lehrbuch des gemeinen in Deutschland gültigen peinlichen Rechts. 14. Aufl. v. Mittermaier 1847.

[1] Binding, Normen II, 145.

[2] Die vollständige Definition lautet: „Dolus ist die Bestimmung des Willens (Begehrungsvermögen) zu einer Rechtsverletzung als“ Zweck mit dem Bewußtsein der Gesetzwidrigkeit des „Begehrens“. Lehrb. § 54 14. Aufl. Betrachtungen p. 199, Revision II 61 ff.

[3] Auf dem Boden Feuerbach's steht insb.

v. Weber: „Ueber die verschiedenen Arten des dolus“ N. Arch. d. Cr. VII 549 ff.

[4] Krug, Ueber dolus und culpa und insb. über den Begriff der unbestimmten Absicht. Leipzig 1854.

[5] Herrmann: Ueber Absicht und Vorsatz überhaupt und über unbestimmte und indirecte Absicht insbesondere. A. d. Crr. N. F. 1856. 1 ff., 441 ff.

dolus generalis. Diesem zu rechenbar ist auch die nicht gewußte und nicht vorgestellte, specielle Verletzung. Das ist die Schwäche dieses Begriffs. Wir vermieden eine solche Construction. Der Wille ist bei uns nicht unbestimmt.

Gefährdungsvorsatz in Bezug auf einen eingetretenen Erfolg liegt nicht vor, wenn im allgemeinen auf die Gefahr einer Verletzung.[1] gehandelt wurde, sondern nur dann, wenn auf die Gefahr des eingetretenen speciellen, vorgestellten Erfolges[2] gehandelt wurde. Wir sind nicht der Ansicht, daß in puniandis delictis dolus in genere sufficere, wie ein altes Sprichwort sagt.

Gleichgültig ist allerdings, ob der concrete Erfolg auf die vom Thäter vorgestellte Art und Weise sich realisirt oder nicht, sobald nur seine Handlung die Ursache desselben ist.

Dies ist die einzige Conzession, welche wir an die specielle Bestimmtheit dieses Delictsvorsatzes machen.

Herrmann, der den Unterschied von Vorsatz und Absicht ausgiebig verwendet, hat insofern Recht, als er ein unbestimmtes Wollen und einen unbestimmten Vorsatz negiert. Eine Unbestimmtheit könne nur in der Absicht liegen.

Gegen seine generelle Absicht gelten die gleichen Einwände, wie gegen den Krug'schen dolus generalis.

Was endlich die Versuche Köstlins und Baumeisters anbetrifft Mittelstufen zwischen dolus und culpa zu begründen, so ist folgendes zu bemerken.

Köstlin hat durch die Hegelsche Philosophie beeinflußt[3] einen Unterschied zwischen Absicht und Vorsatz angenommen. Allein in seiner Schuldlehre findet er sich nicht verwertet. Er kennt kein vorsätzliches Handeln, das nicht zugleich ein Handeln in bestimmter Absicht wäre. Von diesem Standpunkte aus mußte er dazu gelangen, in vielen Fällen eine indirecte Absicht zu statuieren[4] und nur so läßt sich auch die Aufstellung der luxuria und des impetus, welche er im System[5] als Mittelstufen zwischen dolus und culpa bezeichnet, verstehen. In dem Bewußtsein über die objective Natur der Handlung soll das liegen, was die

---

[1] im Sinne von Rechtsgutverletzung.

[2] des speciell verletzten Rechtsgutes.

[3] Hegel, Philosophie des Rechts. § 115 ff.

[4] Neue Revision der Grundbegriffe des Criminalrechts. Tübingen 1845. p. 293 ff.

[5] System des deutschen Strafrechts. Tübingen 1855 p. 156 ff.

luxuria über die Fahrlässigkeit hinaushebt.[1] Die objective Natur kenne der mit „luxuria" Handelnde, aber er wolle sie nicht.[2] Dies kann offenbar nur so verstanden werden, daß der Handelnde die der Natur der Handlung nach wahrscheinlichen oder als möglich erkannten Folgen nicht beabsichtige. Also wiederum eine falsche Auffassung des Willens. Wer die objective Natur des Gewollten kennt, kann von ihr nicht abstrahieren.

Die Köstlin'sche „luxuria" kann somit wohl Fälle umfassen in denen wir Gefährdungsvorsatz annehmen, allein sie ist nicht als Vorsatz gedacht, und überdies ist ihr außer dem Wissen um die Natur der Handlung noch eine im allgemeinen verbrecherische Absicht wesentlich. Was den Köstlin'schen impetus anbetrifft, so ist es gewiß klar, daß derselbe mit unserem Gefährdungsvorsatz begrifflich nicht verwandt ist. Bei ihm soll der „unvermeidliche Erfolg einer an sich rechtswidrigen Handlung im Willen, aber nicht deutlich im Wissen liegen."[3] Dies ist beim bewußt rechtswidrigen Handeln im Affect der Fall, wo der Thäter ohne Ueberlegung handelt, während die Fälle frevelhaften Leichtsinns, wo die Verantwortlichkeit für die erkannten möglichen Folgen abgelehnt wird, größtenteils in das Gebiet der „luxuria" fallen.

Daß impetus und luxuria als Schuldform zwischen dolus und culpa gerade im Hinblick auf derartige Gemütszustände, Seelenstimmungen oder aus der Handlung sich ergebende Charaktereigenschaften sich constituieren, ergibt sich deutlich. Dies machen wir Köstlin und insbesondere Baumeister zum Vorwurf, daß sie Fragen, die für die Strafzumessung wichtig sind, ob aus Frevelhaftigkeit, Böswilligkeit, Mutwille, Ruchlosigkeit gehandelt wurde, nicht von der Frage des Vorhandenseins von dolus oder culpa trennen.[4]

Es wäre u. E. verfehlt, den Gefährdungsvorsatz aus einem bestimmten Motiv entspringen zu lassen, oder ihm Leichtsinn, Ruchlosigkeit u. dergl. zu Grunde zu legen, denn diese sind nicht geeignet, die Schuldarten zu bestimmen und auch nur einigermaßen erschöpfend zu charakterisieren.[5]

---

[1] System 183.

[2] Vgl. System 182 ff.

[3] System I p. 187.

[4] Wir stimmen diesbzl. vollkommen überein mit Löffler, „Schuldformen" p. 11.

[5] Baumeister, „Bemerkungen zur Strafgesetzgebung" 1847 p. 19 ff. kennt in Bezug auf die Uebertretung von Verletzungsverboten folgende Gestaltungen der Schuld: Absicht, Ruchlosigkeit, Impetus, Frevelhaftigkeit, Mutwille, Culpa.

Mit diesem kurzen Hinweis auf die Geschichte der Schuldarten will ich schließen, so interessant es auch wäre, etwa noch die Bekker'sche „Theorie" und die Meinungen Berners und Hälschners zu besprechen. Der enge Rahmen meiner Arbeit verbietet dies.

§ 7. Die Lebens- und Leibesgefährdung des Art. 59 des Commissionalentwurfes.[1]

Alin 1. „Wer einen Menschen wissentlich und gewissenlos in unmittelbare Gefahr für Leib oder Leben bringt, wird mit Zuchthaus bis zu 3 Jahren oder mit Gefängnis nicht unter 3 Monaten bestraft; wird der Tod des Menschen verursacht, so ist die Strafe Zuchthaus bis zu 5 Jahren oder Gefängnis nicht unter 1 Jahre."

Zwei Thatbestände sind in diesem Artikel mit einander verschmolzen worden, vorsätzliche Leibesgefährdung und vorsätzliche Lebensgefährdung. Dadurch wurde Art 67 des Stooß'schen Entwurfes (E mit Motiv 1894) entbehrlich. Und zwar soll es sich nur um Fälle der Specialgefahr handeln, nicht wird erfordert die Gefahr allgemeiner Verletzung von Menschenleben.

Von einem generellen Verbot der vorsätzlichen Gemeingefährdung wurde mit Recht Umgang genommen.

Die dogmatische Grundlage für eine Würdigung obigen Artikels haben wir durch Bestimmung des Begriffes der Gefahr und des Gefährdungsvorsatzes gewonnen. Es gilt demnach für uns als zweifellos, daß für's erste nur eine concrete (objetive) Lebens- oder Leibesgefahr dem Thatbestande der in § 59 angestellten criminellen Gefährdung entspricht und entsprechen darf.[2] Der Ausdruck „unmittelbare Gefahr" ist übrigens sehr geeignet, diese Jnterpretation zu stützen.

Nur wo die Möglichkeit eine große, eine nicht geringe oder gar entfernte ist, das Maß der Bedingungen des Verletzungserfolges am Ueberlaufen, kann von unmittelbarer Gefahr die Rede sein.

Zur subjetiven Seite ist Vorsatz zu verlangen. Wissentlich und gewissenlos ist nur eine Umschreibung von „vorsätzlich" wie es im Art. 58 des Stooß'schen Entwurfes hieß. Und zwar wollte damit der subjective Thatbestand im Interesse der Verkehrsfreiheit beschränkt werden, so sagen die Verhandlungen.[3]

---

[1] Vgl. Ztschfr. für schweiz. Strafr. 1896 1. Heft p. 76.

[2] Vgl. über das Erfordernis concreter Gefahr zur dolosen und culposen Gefährdung der §§ 87, 335, 431 des Oest. Strafgb.: Finger, Strafr. II p. 86, 89.

[3] Verhandlungen 2. Bd. p. 506—510. Grundlegend!

Jedenfalls also dürfen wir nicht abstrahieren von den beiden Requisiten des Vorsatzes, wie sie der begriffsentwickelnde Rechtssatz des § 14 Alin 2[1]. aufstellt. Zum Wissen der Gefahr muß das Wollen derselben hinzutreten. Da aber das bewußte Wollen derselben voraussetzt, daß sich der Thäter ihren Eintritt vorgestellt, und zwar unter dem Gesichtspunkt der Ursächlichkeit vorgestellt habe, so ist es gerade beim Gefährdungsvorsatz irreführend, das Requisit des Wissens auf die Gefahr allein zu beziehen. Dieses Delictsmerkmal liegt schon im „Willen." Hier in Art. 59, wo keine bestimmte Art der Gefährdung, keine besondere Beschaffenheit des Gefahrobjectes,[2] welche etwa nur gewußt, aber nicht gewollt werden könnte, gefordert ist, bedeutet Wissen so viel als Wissen um die Rechtswidrigkeit der Handlung, Bewußtsein der Rechtswidrigkeit.

Da zur objectiven Seite unmittelbare Gefahr gehört, so ist vom Thäter, soll er vorsätzlich handeln, vorauszusetzen, daß er eine solche Gefahr sich vorgestellt, gekannt habe.

Daß dem Thäter das Bewußtsein der concreten Gefährlichkeit der Handlung nicht fehlen darf, betont Stooß schon im Hinblick auf Art. 58 seines Entwurfes, wo noch von der Herbeiführung einer Gefahr schlechthin die Rede ist. In den Verhandlungen heißt es diesbezl.[3] „Der Thatbestand der vorsätzlichen Lebensgefährdung trifft aber nicht bei Jedem zu, der handelt, trotzdem er weiß, daß infolge seines Handelns ein Mensch um's Leben kommen k a n n; sondern es ist erforderlich, daß der Thäter die Gefahr als eine so nahe erkennt, daß er nicht hoffen kann, den tötlichen Ausgang zu vermeiden; der Thatbestand der Lebensgefährdung trifft zu, wenn man von dem Thäter sagen muß: „Er hat Gott versucht."

Sollte bei dieser Auffassung wirklich noch daran festgehalten werden, daß eine ev. Verletzung nicht zum Vorsatz zurechenbar sei!

Daß der Verletzungserfolg der vorsätzlichen Lebensgefährdung vorsätzlich gewollt ist, ergiebt sich für uns, wie oben ausgeführt wurde, aus dem Wesen des Gefährdungsvorsatzes wie des Vorsatzes überhaupt. Wo sowohl Lebens- als Leibesgefährdung den Thatbestand eines Delictes erfüllen, wird allerdings in vielen Fällen in Bezug auf die Lebensverletzung nur Fahrlässigkeit vorliegen.

[1] § 14 (Commissionalentw.) „Vorsätzlich handelt, wer eine als Verbrechen bedrohte That mit Wissen und Willen begeht."

[2] Dies ist sonst das Charakteristische der Gefährdungsdelicte, man denke an Vergiftung, Aussetzung etc.

[3] Verhandlungen II. Teil. 1894 p. 31 ff.

Daraus erklärt sich der doppelte Strafrahmen in Art. 59 (Zuchthaus bis zu 3 Jahren oder Gefängnis nicht unter 3 Monaten; und im Falle des Todes Zuchthaus bis zu 5 Jahren oder Gefängnis nicht unter 1 Jahre.)

An eine Zurechnung auch des zufällig eintretenden Tötungserfolges ist nicht gedacht. Dies ergiebt sich aus der ganzen Anlage des Gesetzes, welches überall nur die voraussehbaren unvorsätzlich und unabsichtlich herbeigeführten schweren Folgen bestraft wissen will. (Vgl. z. B. Art 63, 64 Alin 2. Art. 65, 66. Art 68 Alin 2, Art. 153 Alin 4, 7, 160 Alin 2.)

Auf welche Fälle nun soll Art. 59 Anwendung finden?

Die scharfe Begrenzung des objectiven und subjectiven Thatbestandes verbietet in ihm eine Sammelbestimmung zu erblicken „für Manches, was man nicht in der Ordnung findet“.[1] und darum bestraft wissen möchte. Der Gesetzgeber wollte die Mängel und Härten einer generellen Gefährdungsnorm, die sich in einer allzu großen Beschränkung des Verkehrs und der Freiheit des Menschen aeußern, vermeiden. Die Versuchung ist groß, ein derartiges Delict in ein Polizeidelict umzuwandeln, und wenn es geschieht, so entschuldigt man es damit, daß Gefahr zu den fließenden Begriffen des Strafrechts gehöre. Die Existenz und das Wesen der objectiven Gefahr wurde bis dahin zu wenig beachtet.

Wer die Verhandlungen der schweiz. Expertencommission aufmerksam durchgeht, wird dies bestätigt finden.

Noch viel größere Unklarheit herrscht aber darin über die subjective Seite der Gefährdung. Man ist geneigt, das Bewußtsein, daß die Handlung irgendwie gefährlich sei, oder auch das Wissen um die concrete Gefahr für sich allein, ohne Bewußtsein der Rechtswidrigkeit zum Vorsatz genügen zu lassen.[2]

Nirgends wird in den zu Art. 59 angeführten Beispielen davon gesprochen, daß der Thäter sich auch der Rechtswidrigkeit seiner

---

[1] Vgl. Rotering, Fahrlässigkeit und Unfallsgefahr p. 53 u. Im Sinne etwa des § 335 d. Oest. Strafgb. scheint Lilienthal den Artikel 58 des Stooß'schen E. aufzufassen in Ztschfr. f. d. ges. Strafrw. Bd. XV 1895 p. 319. „Der Schlächtergeselle der Bierkutscher, welche in rasender Eile durch belebte Straßen fahren, soll nach Art. 58 verurteilt werden.“

Ferner p. 318. „Es würde wohl auch der Fall dahin gehören, daß Jemand einen Arbeiter an einer gefährlichen Maschine ohne Schutzvorrichtungen arbeiten läßt, in einem Bergwerke ungenügende Ventilation, schlechte Grubenlampen geduldet werden.“

[2] Vgl. zum Folgenden Verhandlungen 2. Bd. p. 506—510.

Ferner: Verhandlungen I bes. Teil. Erste Lesung p. 344 ff.

Handlungsweise aus dem Grunde der drohenden Verletzung bewußt sein müsse. Daß dies nicht als selbstverständlich gilt, dürfte Jedermann klar sein, denn nur zu oft zeigt sich eine deutliche Anlehnung an die Vorstellungstheorie.

Dasjenige Beispiel, welches sich als durchschlagend erwies und selbst prinzipielle Gegner von der Notwendigkeit und Zweckmäßigkeit des Art. 59 zu überzeugen vermochte, ist das Beispiel des Arztes, welcher in einer Substanz ein neues Heilmittel zu entdecken hofft, und trotz des Bewußtseins, daß dieselbe tötlich wirken könne, vom Forschungseifer getrieben, seinem Patienten davon verabreicht.

Wo liegt da der böse Vorsatz? Wird nicht gerade hier trotz der Vorstellung der Gefahr das Bewußtsein der Rechtswidrigkeit fehlen, und wenn es vorhanden ist, wer wird da noch zögern, den etwa eintretenden Tod zum Vorsatze zuzurechnen. Sonst aber kann es sich nur um fahrlässige Gefährdung handeln, oder dann einen berechtigten Eingriff in die Körperintegrität des Kranken.

Steht die Gefährlichkeit des Mittels in keinem Verhältnis zur Krankheit des Patienten, oder mußte sein berufliches Wissen ihn den sichern Eintritt des Todes voraussehen lassen, so hätte er sich der Widerrechtlichkeit seiner Handlung bewußt sein sollen, und es liegt Fahrlässigkeit vor, zu welcher dann auch die Tötungsfolge zurechenbar ist.

Der Jäger, welcher auf einen Hirsch, der Schütze, welcher auf seine Scheibe schießt, sie beide können in Fahrlässigkeit sein, trotzdem sie einen Menschen in nächster Nähe des Zieles erblicken, dann nämlich, wenn sie ihrer Treffsicherheit sich in dem Maße bewußt sind, daß sie an eine concrete Gefahr nicht denken.

Von diesem Standpunkte aus muß wohl auch der Tellenschuß beurteilt werden. Sind sich der Jäger und der Schütze wirklich bewußt, daß sie eben so gut den Menschen treffen können, als das Wild bez. die Scheibe, — wie Stooß annimmt — so werden sie kaum sagen können, es habe ihnen am Bewußtsein der Unerlaubtheit der Handlung gefehlt, und die Annahme von rechtswidrigen Vorsatz im eigentl. Sinne auch in Bezug auf die Verletzung dieses Menschen, wird nur derjenige leugnen, welcher für ausschlaggebend erachtet, daß keine Absicht der Verletzung vorliegt, auch keine eventuelle, und ferner der eingetretene Erfolg ein unerwünschter ist und nicht mit Befriedigung empfunden wird.

Charakteristisch ist folgender Fall, der jüngst vor Bezirksgericht Winterthur zur Aburteilung kam.

Ein Italiener wurde nach mehrfacher Aufforderung zum Verlassen des Wirtschaftslokales X zur Thüre hinausgeworfen. In der erwiesenen Absicht den Wirt an seinem Eigentum zu schädigen, zertrümmerte er ihm auf der Stelle mittelst eines Revolverschusses eine der großen Spiegelglasscheiben seines Locals. In der Wirtschaft befanden sich mehrere Gäste, glücklicherweise aber war auch nicht die geringste Verletzung die Folge. Er wurde wegen böswilliger Eigentumsschädigung bestraft.[1]

Aus der Verhandlung ging klar hervor, daß von einer Absicht, auch einer ev. der Körperverletzung oder Tötung nicht die Rede sein konnte, so daß die Annahme von Versuch unzulässig war.

Es scheint mir einleuchtend, daß das Urteil der Gefährlichkeit der That nicht gerecht werden konnte.

Hier müßte wohl etwa ein Art. 59 in die Lücke treten.[2] Gerade in solchen Fällen läßt sich der Gefährdungsvorsatz leicht erweisen.[3]

Der Thäter wußte, daß das Lokal nicht leer war, wie sollte er da das Bewußtsein der concreten Gefährlichkeit und auch der Widerrechtlichkeit seiner Handlung bestreiten können. Oder war etwa keine Gefahr vorhanden, weil Niemand getroffen wurde! Die Kugel flog mitten durch das Local und es hing ganz von der zufälligen Bewegung jedes Einzelnen ab, ob er unversehrt blieb.

Aehnlich ist der Fall, wo jemand auf einen in Fahrt befindlichen Eisenbahnzug schießt. Nimmt die Kugel die Richtung auf die Wagen, so ist concrete Lebensgefahr vorhanden und es hängt von einer spontanen, zufälligen Zusammenstimmung einer Unmenge Factoren ab, (Windrichtung u. Stärke, Schnelligkeit der Bewegung etc.), ob jemand verletzt wird. Oder sollte auch hier der günstige Ausgang, das Fehlen der

---

[1] Urteil des Bezirksgerichtes in S. Ernesto de Toffel betref. „Böswillige Eigentumsschädigung im Sinne des § 181 lit. c des Zürcherischen Strafgesetzbuches vom 8./I 1871."

General-Register für die Acten in Strafprozessen 1896 No. 32.

[2] Der Commissionalentwurf (Art. 79) kennt keine durch den Eintritt von Gefahr für Leib oder Leben qualifizierte Eigentumsbeschädigung, wie § 181 lit. a des Zürch. Strafgb., welcher unbegreiflicherweise in obigem Falle nicht angewendet wurde.

[3] Dieser Vorzug des Gefährdungsvorsatzes wurde oben schon betont.

Zürcher hat namentlich auf die praktische Bedeutung desselben für die Geschworenen gerichte, die Rechtsbelehrungdes Präsidenten, aufmerksam gemacht. Es kostete Mühe, den Geschworenen den Begriff des dolus eventualis klar zu machen. Vgl. Verhandlungen II. Teil 1894 p. 34. (In der für die eidgenössischen Räte gedruckten Ausgabe.)

Gefahr erweisen, oder eine etwa eintretende leichte Körperverletzung den Rückschluß gestatten, daß eine Lebensgefahr nie vorhanden war.

Doch wohl nicht! Dies führt uns auf einen wichtigen Punkt.[1]

Dürfte im Falle der leichten Körperverletzung eine Concurrenz von Art. 62 mit Art. 59 des Commissionalentwurfes angenommen werden oder schließt jedwede Verletzung die Anwendung des Art. 59 aus.

Die Commission hat sich auf den letzteren Standpunkt gestellt, so daß die Bestimmung des Art. 59 einen durch und durch subsidiären Charakter hätte.[2]

Prüfen wir die Stellung dieser generellen Gefährdungsnorm, so ergiebt sich folgendes:

In Rücksicht auf die speziellen Gefährdungsdelicte des Entwurfes (Lebens u. Leibesgefährdungen[3]) steht Art. 59 im Verhältnis der lex generalis zur lex specialis. Letztere geht vor.

In Rücksicht auf die entsprechenden Verletzungsdelicte (Körperverletzung, Tötung) steht Art. 59 im Verhältnis der Subsidiarität.

„Dem Verbote ein bestimmtes Rechtsgut zu verletzen, ist das Verbot, dasselbe Rechtsgut zu gefährden, stets subsidiär".[4]

Die Strafe der Körperverletzung (Art. 62, 63, 64, 65, 66) schließt die Strafe der Leibesgefährdung (Art. 59 Gefängnis nicht unter 3 Monaten) aus. Die Strafe der Lebensvernichtung schließt die Strafe der Lebensgefährdung (Art. 59 Zuchthaus bis zu 5 Jahren) aus.

Dagegen scheint es uns möglich, eine Concurrenz von Körperverletzung und Lebensgefährdung anzunehmen, so daß Art. 59 in Idealconcurrenz mit Art. 62, 63, 64, treten könnte.

Dies ist namentlich dann von Bedeutung wenn die Körperverletzung weder die „schwere" des Art. 63 noch die „sehr schwere" des Art. 64 darstellt, also im Maximum mit 2 Jahren Gefängnis bestraft

[1] Vgl. Gretener in den Verhdlg. II. Bd., Zweite Lesung p. 508 oben.

[2] Dennoch wird gerade betont z. B. von Stooß, daß die Bestimmung in Art. 59 einen besonderen Wert habe, wenn aus der vorsätzlichen Gefährdung der Tod eines Menschen hervorgehe. Sie soll eine Ergänzung der Begriffe dolus und culpa in sich schließen.

So Gretener: Verhandlg. I. Bd. bes. T. Erste Lesung. 346. Art. 59 „ergänzender Thatbestand."

[3] Commissionalentwurf, Art. 57, 58, 60, 68, 153, Alin. 3, 6, 155, 159, 160, 161, 163, 164. Vgl. zur Aussetzung Art. 57, als specieller Lebens- und Leibesgefährdung: Verhandlg. 2. Bd., Zweite Lesung p. 502.

Lilienthal, Ztschft. (Liszt) Bd. XV 1895 p. 317 unten.

[4] Binding, Handbuch p. 358.

Meyer, Lehrbuch p. 433.

Liszt, Lehrbuch p. 242.

Finger, I Strafr. 224.

werden kann,[1] die Handlung aber ihrer Natur nach, die Gefahr der Lebensvernichtung in sich schloß, und dem Thäter die Kenntnis dieser Eigenschaft nachgewiesen wird.[2]

Der Gebrauch einer Waffe oder eines gefährlichen Werkzeuges, wodurch die Lebensgefährlichkeit oft hervorgerufen wird, ist im Gesetze nicht als Strafänderungsgrund, sondern nur als Bedingung der Offizialverfolgung aufgeführt, (Art. 62 Alin. 2) und die Strafdrohung des Art. 62 gestattet in manchen Fällen nicht, die That nach allen Seiten richtig zu würdigen.

Anders dagegen, wenn damit concurrierend eine Lebensgefährdung angenommen werden darf. So würde es möglich, die sog. Messeraffären der Italiener, wie sie z. B. zum Teil die Ursache des Italienercravalls in Zürich waren, angemessen zu bestrafen, und auch in Fällen, wo durch einen glücklichen Zufall das lebensgefährliche Drauflosstechen mit dem berüchtigten Stellmesser nur zu einer geringen Verletzung führte, Zuchthaus im Minimum von 1 Jahre eintreten zu lassen.

Derart wäre die Gefährlichkeit solcher Thaten und auch der Thäter (temebelità) gebührend in Rechnung gezogen.

Wie viele Fälle giebt es, wo man sagen muß, wie leicht hätte eine Körperverletzung, wie leicht eine Tötung die Folge sein können, wie hat der Zufall der Leibes und Lebensgefahr eine glückliche Wendung gegeben, die der Thäter gar nicht erhoffen durfte. Es war nicht sein Verdienst, daß kein größeres Unglück entstand. Diese Fälle sollen von Art. 59 getroffen werden, und darin liegt unseres Erachtens seine große Bedeutung.

De lege ferenda läßt sich geradezu behaupten, daß eine solche Bestimmung einem längst gefühlten, im Volksbewußtsein lebendigen Bedürfnis entspringt. Die „gefährliche Handlung", die gerade in unseren Zeiten immer üppiger emporwuchert, sie soll endlich einmal[3] ihre ver-

---

[1] Art. 62 in Verbindung mit Art. 22.

[2] Der Commissionalentwurf stellt leider keine Bestimmungen auf über Ideal- und Realconcurrenz. Während diese in Art. 41 des Stooß'schen E. nach der praktischen Seite geregelt waren (Zusammentreffen von Freiheitsstrafen), wurde später jede Regelung unterlassen.

Gretener glaubt, daß man sich zur Ansicht bekennen müsse, daß die Idealconcurrenz keinen Fall der Verbrechensconcurrenz darstelle, da bei Einheit der Handlung nur von einem Verbrechen und einer Strafe die Rede sein könne. Verhandlg. I. Bd. Erste Lesung. p. 259.

[3] Schon Stübel findet, daß „die Strafbestimmungen über gefährliche Handlungen", welche nicht zu den Polizeivergehen gehören, aber auch nicht zugleich andere Verbrechen sind, oder eine Rechtsverletzung zur Folge gehabt haben, in

diente Strafe finden, der bewußte Gefährdungswille, das Urbild verbrecherischer Willensbestimmung, im Keime ertötet werden.

---

den modernen! Gesetzbüchern nicht ausreichend seien und der dringenden Ergänzung bedürften. N. A. d. Cr. R. VIII 1826 (p. 236—323) § 15, § 16.

Allerdings spielt bei der Erlassung von Strafdrohung gegen Gefährdungen, wie sie heute energisch gefordert wird, die moderne Sensibilität, „der socialpathologische Zustand der Gesellschaft" auch eine nicht unbedeutende Rolle. Vgl. Zucker G. S. Bd. XLIV 1891 p. 444 unter dem Titel: „Der ursächliche Zusammenhang zwischen Delict und Strafe, insbesondere über die Frage: Warum bestrafen wir neben dem Verletzungsdelict das Gefährdungsdelict und den einfachen Ungehorsam?"

Druck von August Pries in Leipzig.

Druck von August Pries in Leipzig.

MIX
Papier | Fördert gute Waldnutzung
FSC® C083411

Kolibri 360 GmbH
Ferdinand-Jühlke-Straße 7
99095 Erfurt, Deutschland
produktsicherheit@kolibri360.de